明末民族藝人傳

文史哲出版社印行

明末民族藝人傳 / 傅抱石編譯. --初版. --
臺北市：文史哲，民 81.02 印刷
262 頁 21 公分.
ISBN 978-957-547-762-2（平裝）

明末民族藝人傳

編 譯 者：傅 抱 石
出 版 者：文 史 哲 出 版 社
http:// www.lapen.com.tw
e-mail：lapen@ms74.hinet.net
lapentw@gmail..com
登記證字號：行政院新聞局版臺業字五三三七號
發 行 人：彭 正 雄
發 行 所：文 史 哲 出 版 社
印 刷 者：文 史 哲 出 版 社
臺北市羅斯福路一段七十二巷四號
郵政劃撥帳號：一六一八〇一七五
電話886-2-23511028・傳真886-2-23965656
定價新臺幣二八〇元
一九九二年（民八十一）二月初版再刷

ISBN 978-957-547-762-2 92009

例言

一、是書篇幅次第，悉依日人山本悌二郎紀成虎一宋元明淸書畫名賢詳傳原著。計自第五卷明中葉之下錄程孟陽一人，第六卷明末葉之上錄曹石倉至邵瓜疇十三人，第七卷明末葉之中錄陳老蓮至張大風十三人，第八卷明末葉之下錄查二瞻至姜鶴澗十五人，第九卷淸初葉之一錄王煙客王圓照二人，第十卷淸初葉之二錄吳漁山惲南田二人，總四十六人。名曰明末民族藝人傳。

二、原著不注徵引書目，雖屬小疵，而所有資料，大都可信。其凡例云：「篇中所述其人一生之史實，恆無論；自逸事遺聞至書畫詩文，無一字無來歷，可斷言也。」至所錄諸傳，雖有與習見之材料偶異者：如史道隣傳之與揚州城守紀略，楊龍友侯朝宗傳之與桃花扇。或近人之研究，視原著較精當者：如新會陳垣之研究吳漁山，新喻傅抱石之研究石濤。格於體例，不加竄改。

三、原著引用文字，已譯成日語，今極力斟酌，殊不易與原文無異。且手民之誤疊見，有日語習慣上通用，任入一字者，或假名相同，或字形酷似，以致誤植者。凡此，均盡可能修正。但限于絕無參考，亦有偶遇可疑，而不敢遽予改易。

四、我國關於人物及書畫作品之品題用語，似有相當之習慣，杜撰即不免生澁。此點尤所致意，冀接近本來面目。

二十六年十一月三日傅抱石於宣城

目次

例言

程孟陽 嘉燧……一

曹石倉 學佺……一〇

文湛持 震孟……一四

王季重 思任……二〇

孫鍾元 奇逢……二四

文啓美 震亨……三〇

黃石齋 道周……三五

蔡玉卿 石潤 …… 四五
程穆倩 邃 …… 四七
方孩未 震孺 …… 五〇
倪鴻寶 元璐 …… 五二
蕭尺木 雲從 …… 五六
楊龍友 文驄 …… 五八
邵瓜疇 彌 …… 六四
陳老蓮 洪綬 …… 六八
崔青蚓 子忠 …… 七四
查伊璜 繼佐 …… 七八
金孝章 俊明 …… 八一
史道隣 可法 …… 八四

傅青主山……九六
李是庵因……一〇三
黃梨洲宗羲……一〇六
呂晚村留良……一一五
歸恆軒莊……一二〇
顧亭林炎武……一二五
石　溪髡殘……一三六
張大風風……一三九
查二瞻士標……一四二
漸　江弘仁……一四五
石　濤道濟……一四七
呂半隱潛……一五一

侯朝宗 方域……一五三
范仲闇 文光……一六三
羅飯牛 牧……一六五
張鐵橋 穆……一六七
八大山人 朱耷……一七一
戴務旃 本孝……一七五
龔半千 賢……一七七
許有介 友……一八二
徐昭法 枋……一八六
文與也 點……一九一
姜鶴澗 實節……一九四
王煙客 時敏……一九九

王圖照　鑑……一一一
吳漁山　歷……一二七
惲南田　評平……一三六

明末民族藝人傳

程孟陽 嘉燧

松圓詩老程嘉燧，字孟陽，安徽休寧人。久爲嘉定寓公。嘉靖四十四年乙丑生，少習科舉不成，去而學劍，又不成，乃折節讀書。其學不務博而貴精練，晚涉老、莊、楞嚴諸書，亦能提要鈎元，皆得其用。與人交行誼懇篤，雖急於責備，而慷慨激切，有共死生之概。與里中唐叔達（時升）婁子柔（堅）相友善，世稱練川三老。先生事二人如兄，肩隨後行，跬步不失禮。性嗜古書畫器物，一當意，輒解衣傾囊。子一，驕稺不事生產，先生爲之拮据經營，供其需求。其子左紘右壺，隨手散棄。而先生益喜之，曰：「解事好客，不愧吾家之兒」。因窮困愈甚。太倉王問伯（士騏）謂先生曰：「世若無嚴節度，誰知杜少陵？當今能客公者，海陽顧益卿（養謙）而已」。爲治裝送先生。先生往渡江，途遇一二酒人，唱和酣飲者三日夜，竟不見益卿而返。

萬曆四十六年戊午，先生之齡已五十一，時有故人（方）方叔者，令山西長治縣，請先生赴任。居三年，復從方叔入帝都，投身錢牧齋謙益寓，諸公爭物色之，皆避不相見。祥符王損仲惟儉，博雅名士也。每過牧齋邸舍，必訪先生，而先生未嘗一往。及牧齋罷官里居，於拂水搆耦耕堂，相與游處，前後達十年。崇禎十四年辛巳春，先生將歸休寧，舟抵桐江時，適遇牧齋遊黃山途中，訪先生之故居題詩草堂而返，推篷夜話，泫然而別。明年癸未十二月，先生病卒休寧之故居，年七十有九。著有浪淘集。牧齋後爲先生作傳，其末段曰：「孟陽卒前一月，爲予序初學集，蓋絕筆也。踰年有甲申三月之變，銘旌大書曰明之處士某者，豈非幸耶。」順治八年，牧齋遇先生冢孫念修自休寧來訪，口占二首送之，一如左：

松圓孫子見扶床。執手驚看似我長。
有幾故人今宰木。無多世界又滄桑。
何年漬酒澆丘隴。舊日題詩漫草堂。
已悟前塵如影事。臨風收淚卻千行。

先生刻意學詩三十年，其詩始大成。嘗自語所悟曰：「學古人之詩，不可獨學其詩，知其爲人，而後可學其詩也。其志潔，其行芳，溫柔敦厚，不淫於色，此古人之所以作詩也。夫然後取古人之詩，涵詠吟諷，深思自得，意言音節之間，有如與古人遇者，可以言詩矣。」故先生之作，風趣所存，已追古人於千載之上，有邈然不可見之今人者。

然先生之詩，往往因人而其說不同。尤以錢牧齋、朱竹垞（彝尊）所見極異，亦稀有事也。牧齋云：

孟陽之詩，以唐人爲宗，精熟李杜二家，深悟剽竊比擬之謬。五言今體，約近劉文房；七言古詩，豪放似蘇子瞻。晚年學進識高，盡覽金元及國初諸家詩，抉其由來，發其與古人合轍之處。於是王李之雲霧盡掃。後生心眼，自此始開，有功斯道者至鉅。昔金元裕之論溪南詩老辛敬之詩，「敬之業專心通，每讀時人之詩，必探源委，解脈絡，審音節，辨清濁；片善亦不掩，微纇亦不逃，如老吏斷獄，文峻網密，朋輩中有公鑒而無姑息者，必以敬之稱首。」然敬之時人之詩耳！孟陽則好論古人之詩，疏通微言，搜爬妙義，深而不鑿，新而不巧，洗眉刮目，親炙古人，如面得指授者，豈不難哉？裕之自題中州集之後云：「愛殺溪南辛老子，相從何止十年遲？」世無裕之，又誰知予之論孟陽，非阿其所好耶？予故援中州之例諡之曰松圓詩老，庶幾千百世之下，知余知之孟陽有如裕之之者。

反之，朱竹垞選明詩綜，評先生之詩云：

格調卑下，才庸氣弱，近體多於古風，七律多於五律，如此技倆，使三家村夫子，誦兔園册子百遍卽足，何用讀書破萬卷乎？牧齋尙書，深懲何李王李之流派，乃於有明三百年中，特尊之爲詩老。六朝人有云：「欲持荷作柱，荷弱不勝梁，欲持荷作鏡，荷暗本無光。」毋乃類是歟？

於是新城王漁洋士禎起而裁之，曰：「牧齋稱許，固屬太過，竹垞矯枉，亦不得中。萬曆崇禎之間，吳非熊程孟陽俱以詩著，余嘗爲其門人選新安二布衣詩。要之，非熊擅長五言，孟陽以七言勝，七律多名句，七絕尤佳，七絕出入劉夢得杜樊川李義山之間，七律學劉文房韓君平，又時染指陸放翁。左舉孟陽警句數聯，皆不愧古之作者。」先生詩品，待漁洋始定之。

瓜步江空微有樹，秣陵天遠不宜秋。」
梅殘燭燼西牕雨，雪沍香濃小閣雲。」
夢裏楚江昏似墨，畫中湖雨白于絲。」
遠雁如塵飛水面，亂帆疑葉下吳頭。」

迴風凍雨皆成雪。　出霧危巒半是雲。」
多年華髮絲相似。　三月春愁水不如。」
磵領斷虹明積翠。　湖飛片雨亂斜陽。」
羽聲變後寒風急。　虹影消來白日過。」

先生又善畫，爲吳梅村所詠畫中九友之一。山水學倪、黃，深靜枯淡，猶如其人。工寫生，惟自矜重，不易爲人點染。或厚幣請之，婆娑瑟縮，經歲不就一紙。雖時興到取筆，而所作多疎疎落落，所謂以吾之少許勝人多許者。故先生之畫，傳世甚稀。偶見之，皆視爲吉光片羽，珍襲不示人。時周櫟園亮工以好事者遍加搜訪，而所獲不過便面數柄，畫册殘頁數葉。常熟遺老黃子羽名翼聖，國變後，鎖門謝客，同里徐元歎波序其詩而定之，曰蓮蘂居士詩選。嘗獲先生山水一幅，持示錢牧齋，牧齋題之，幷序述其感慨所在，亦文苑一佳話也。

萬曆四十五年丁巳夏五月，予與孟陽栖拂水山莊時，中峰雪厓禪師藏黃大癡仙山圖，相邀往觀。是日暑氣殊甚，流汗濯濯，滴肩輿，日落乃返。孟陽記憶其圖，次日畫此，筆硯燥渴，點染皆作焦墨之狀，歷歷猶可辨也。今去畫時四十一年，孟陽仙去亦十五年。子羽購之肆上，攜來示予，爲之俛仰人世，把翫不堪。孟陽每首拈楞嚴經中前塵影事一語，念之惘然。因作歌題其上云：

大癡老人遊華山。白雲滃起衫袖間。
玉簫聲滿車箱谷。抗手招邀竟不還。
孟陽不樂人間住。燒松點墨天都去。
三十六峰雲海中。月白吳吟向何處。
愛畫都於畫笥探。湖橋東畔石城南。
每對山窗圖粉本。更從禪榻倣浮嵐。（大癡有浮嵐暖翠圖）
紙上流年去無跡。筆端白汗猶堪滴。
故人風致剩殘縑。老我顛毛比焦墨。
楞嚴影事不吾欺。落卻前塵午夢遲。

兩翁執手仙山裏。　莫漫軒渠笑我癡。

至嘉定四先生之名，乃起自天啓進士四明謝塞翁三賓令是地時，合先生與唐叔達時升、婁子柔堅、李長蘅流芳四家詩文，鏤版行世，題曰嘉定四先生集。其中善畫者，先生與長蘅，而交誼亦與其他不同。長蘅常語人曰：「精舍輕舟，明窗淨几之間，觀孟陽吟詩作畫，吾生平第一快事也。」先生亦敬慕長蘅，一日不見有三秋之思。長蘅好遊西湖，動輒經年累月不歸，先生嘗題扇上詩送客，有憶長蘅在湖上二首云：

送客西樓落木風。　鬢絲吹斷酒帘空。
危廊千尺雲居寺。　霜葉仍欺二月紅。
約看西湖十月紅。　掉頭歸計又成空。
年光如水心如夢。　人在西樓暮雨中。

嘉道年間以畫聞之嘉定程序伯廷鷺，其先亦出自歙縣，與先生同宗。里中有藏先生自題「獨立蒼茫自詠詩」之小像者，乃縮寫爲一册，遍求名流題詠。中有震澤張淵甫世洲一贊。其序與女史汪小韞者二詩，頗有發人深省者。淵甫序云：

錢牧齋所以稱贊先生者至矣！然非知先生者。牧齋謂先生卒未一年，有甲申三月之事，銘旌大書明之處士某者，豈非幸耶？夫周革殷命，有首陽餓夫；宋受晉祚，有柴桑遺老。後之論者，未有謂非殷晉之人者也。以先生之高致，苟親見甲申之變，必韜光匿迹，葆素邱園，不失其節，豈遂明之處士而已哉？惟如牧齋其人，其不早死，乃眞不幸耳。道光癸巳之冬，與程君序伯遇於吳門，其爲人疏雋曠達，詩畫亦清絕一世，原與先生同宗，出手摹遺象屬題，爲論之如此。

汪女史詩如左。第二首金風亭長，朱竹垞別號也。

其一

三絕前賢重練川。遺容笠屐仰松圓。
寒蕉畫本王摩詰。落葉詩情賈閬仙。
鄉夢孤雲黃海月。游蹤疏柳白門煙。
平生低首宮城句。瓜步空江暮雨天。

其二

主盟拂水舊山莊。巧借高人姓氏香。
北郭聯吟情鄭重。中州編集意蒼涼。
絳雲采散苔深碧。紅豆花疏月澹黃。
一笑金風老亭長。鍾嶸詩品太荒唐。

曹石倉 學佺

曹忠節公學佺，字能始，號石倉，福建侯官人。萬曆二年甲戌生，二十三年乙未進士及第。自戶部主事，歷任南京大理寺丞，戶部郎中，陞四川參議按察使，左遷至廣西副使。天啓初，梃擊案興，著野史紀略，直書本末，毫無忌避。及逆閹用事，其黨劉廷元劾之，遂詔毀其版，削籍爲民。公自是里居二十餘年；崇禎年中，復被召，辭不赴。

及唐王即位閩中，召拜太常寺卿。朝見日，帝指公謂諸臣曰：「此海內宿儒也，朕在藩邸，久聞其名。」時倉卒建號，一切典禮未備，乃命公裁定之。公多所上言，進論軍國大事，遷禮部尚書。既而文武不和，將士離散，公見事不可爲，慨然曰：「吾老矣！天若助明，尚可盡股肱之力，否則以死報國而已。」會朝議以兵浮海，欲直向金陵，艱於精餉；公傾家產，獲萬金以濟之，而捷報未接，閩蠅之兵已敗。龍駕幸延津，公亦避難入湧泉寺。時諸生擬迎公支敵，公曰：「無益也！何荼毒生靈爲？」三日，敵兵大至。公乃歸家，自縊西峰艸堂死。時隆武元年丙戌九月也，年七十有三。清乾隆年間，諡曰忠節。

或傳曰：『公里居時常閒行街巷，見一陋屋，柴門杜上，有桃符曰「問如何過日？但卽此是天。」公詢知其主人乃屠者徐五，徑入內，廳上又有二聯，一曰：「仗義半從屠狗輩，負心多是讀書人。」一曰：「金欲兩千酬漂母，鞭須六百撻平王。」公爲之悚然。適徐五自外歸，與語甚歡，因始訂交。甲申之變，徐五攜隻鷄斗酒造公之廬，排闥而入，見公驚曰：「吾攜此物以祭公耳！公尙在耶？」公了其意，至是就義。』徐五名英，字振烈，公殉節後數日，着素衣冠投水以殉公，亦烈士也。同鄉文豪余田生（甸）張超然（遠）俱傳之，其名與公並焉。

公爲人秀令閒雅，頗篤行誼，有古人風。新建張相國位，公之座師，以館選待公，公不往。蓋相國猶在翰林時，頗有聲望，及入相，招權示威，公心以之不快。迨相國坐事，罷官歸里，門下故舊無往視者。公獨追送舟次，爲具車馬糧食，以報平生之恩。言官聞之，譖於朝，遂有左遷之命。公從是仕進拂意，轉遷邊境者，前後殆二十年。乃寄心風雅，不以窮達爲念。在四川有蜀中詩話、蜀中畫苑、蜀中方物記、蜀中高僧記之著。轉廣西，途訪匡廬之勝，欲他年卜居此間，攜家來住，雖未果而止，而著海內名勝記、湖山勝概，以飽山水之癖。其在家也，所居曰西峰草堂，別築石倉園，極水木之勝。暇輒賓朋翕集，享詩酒談讌之樂，當時如公者，罕矣。

公學問淹博，著述甚富。最精六經，嘗謂釋老二氏有藏，吾儒無藏，當修儒藏與之鼎立。因採摘四庫之書，凡十四年，雖未完其業，猶著有易經通論、周易可說、書傳會衷、春秋闡義諸書。公所作字，縱尚未有定評，自西峰字說推之，亦可徵於八法有所得者。詩以清麗爲宗，取材漢魏，下及王韋，其旨深沈，其氣峭潔，與會所至，神情獨往。朱竹垞彝尊曰：「明三百年詩，凡幾變，至公安竟陵，卑下枯槁，風雅掃地，獨閩粵風氣，始終不易。閩自十才子後，唯至少谷小變，如曹能始、謝在杭、徐惟和輩，依然十才子之調；粵自五先生後，至蘭汀小變，而歐楨伯、黎維敬、區用孺輩，猶五先生之調也。能始與公安竟陵，往還唱和，其嚼然不滓，尤人之所難。」公詩品可謂定矣。左錄數首，以示一斑。

棲霞寺

入山已深邃，初地化爲城。古塔無全影，疎鐘尚舊聲。
佛龕沿嶺鑿，僧舍傍泉成。怪昔梁江總，幽居斷送迎。

病中思歸

累雨山寒重。今春花事稀。長貧那免病。百好不如歸。
海樹遙閩嶠。江津黯燕磯。故園猶有路。夢裏已多違。

金陵懷古

江東列郡領丹陽。鼎足三分此一方。
總爲石頭成虎踞。不知巫峽下龍驤。
雲生寢廟千秋閟。月照籬門幾夜長。
年少風流能顧曲。行人猶自說周郎。

武夷

丹丘遺蛻不知年。方外尋眞思渺然。
仙橋堂空棊撤局。御茶園廢竈無煙。
峰頭亂插虹橋板。渡口難移架壑船。
忽聽玉笙聲縹緲。步虛已近大羅天。

文湛持 震孟

公諱震孟，字文起，號湛持，江蘇長洲人，文衡山徵明曾孫，文三橋彭孫也。萬曆二年甲戌生，風貌秀偉，目光射人，眉稜上指，與世所傳文信國天祥像相似。爲人剛方貞介，巖巖有古大臣風。天啓二年壬戌殿試賜進士第一，授翰林院編修，時年四十九。原殿試之日，由內奄以名帖報捷，例必以晚生帖復之。大璫溫體仁，亦齎名帖報公，公語其人曰：「余新進之書生耳，不知回帖如何寫也。今姑以原帖奉復。」公薑桂之性，既於此見。居幾三月，以言事忤逆閹魏忠賢，鐫級被放。思宗崇禎帝即位，魏忠賢伏誅，時望皆歸舊輔韓爌及公與錢謙益、姚希孟諸公。而逆閹餘黨楊維垣之徒，一手障天，力妨諸公之入朝，尤斥公與韓舊輔。時倪文正公元璐猶居翰林編修，乃起而大駁之。中有云：

詞臣文震孟，正學勁骨，方其在鄉，人比之陳寔、王烈。居官三月，昌言獲罪，人又方之羅倫、舒芳。今起用之旨再下，謬悠之談未已，甚有加以竊盜之名者，豈以數十年前其兄有不逞之事乎。知其不逞之兄，而不知其至德特行之祖若父乎？將以門戶二字，不可重提，聊欲更端相蔽，非耶？

於是帝大動，遂逐維垣輩，再召韓爌爲內閣首班。公亦以原官被召，崇禎二年四月，入列朝班，纍進至少詹事。公日侍講筵，一日上加足榻上，稍有惰容，公進講尚書至「人之上者，奈何不敬？」以目視御膝，上卽以袍袖隱其足，徐徐自榻下。因是內奄窺聖意所在，競致殷勤，公片言不交也。既而韓爌去朝，宜興周延儒代之，事權復歸中涓，烏程溫體仁繼擅政柄者，又八年，崇禎之政，不可復救藥矣。

八年二月，流賊犯鳳陽，焚毀皇陵。鳳陽，太祖發祥地也。報至，百官皆角素，九卿上慰安之疏。公亦上一疏，有言曰：「不亟滅賊，無以洩神人之憤；不遡亂源，無以施戡定之功。當路諸臣，不能憂國奉公，反躬省己，加膝墮淵，全由恩怨；張羅布網，盡出機關。試觀數年以來，整肅綱紀者何事？登用賢能者何人？安內攘外者何道？富國強兵者何策？卽如流賊一事，付之飄忽已久，既失一夫當關之機，縱虎出林；復誤各撫分鎮之謀，教猱升木。今日廟社怨恫，幽明胥痛，國事至此，諸臣之肉，豈足食耶？凡食君祿擔君爵者，皆當伏鐵鎖之誅，膺放流之典，固不可以角素盈朝，塞其責奉慰安之疏畢其事？皇上宜赫然一怒，以安天下。發哀痛之詔，明罪己之懷；按失事之誅，正誤國之罪。」大稱聖旨，諭閣臣曰：「文某奏內，追遡亂源，亟圖妙算，殊屬剴切。理財用人等事，着該部悉心籌畫，以備採擇。」

是歲八月，公與輜川張至發俱陞禮部左侍郎兼東閣大學士，與首輔溫體仁協同辦事。公雖再三疏辭，而聖諭累下，有虛心聽公之意，公遂就職。後未幾，召臺閣諸臣問流寇事，公奏曰：『今使官兵勦賊，原以衞民。乃賊不能勦，反以殃民，遂使民發「賊兵如梳，官兵如櫛」之謠。今惟嚴號令，凡兵丁之擾民者，必殺無赦；將官之能鈐束兵丁秋毫無犯者，必破格優擢。』帝大喜。更召入內，公跪奏甚久。上曰：「先生起！」天子稱臣爲先生，蓋異數也。

當時新入內閣，例以名帖致禮大璫，大璫亦以名帖致意。公之入閣，以出天子特達之知，遂不襲此例。時大璫曹化淳，爲王安名下，雖素附正人，今見公名帖不至，疑其外己。乃託王安姪某中書轉致一書於公之同人，且曰：「若循例往來，大璫無不奉命，外廷之事，亦任公所欲爲。」同人以告公，公堅斥之，曰：「大璫極其力使我不爲宰輔而已，不爲宰輔，於我何損？而名帖一入彼手，此辱豈能洗耶？」同人乃止。曹化淳聞之，以爲大恥，遂結溫體仁，呼吸相應，公入閣後，獨立孤行，其不安揆席，實自此始。

十月三日，詔曰：「朕以涼德，繼承大統，不期倚任非人，邊虜三入，流寇七年，師徒暴露，黎庶顚沛。

國祭遺紲，而徵調未已；閭閻凋敝，而加派難停。中夜思之，愧憤不勝！今年正月，流氛震驚皇陵，祖恫民仇，罪實在朕。今務調邊兵，留新餉，立救元元，正在此秋。行間文武之勞苦饑寒，朕深切念。風餐露宿，朕不敢獨居重幃，飲水食粗，朕不敢獨享甘旨，披堅冒險，朕不敢獨衣文繡。茲擇十月三日，避居武英殿，減膳撤樂，惟以青衣侍左右，與我行間文武吏士共甘苦，以寇平之日爲止。文武各官，其各省過淬厲，用回天心，以救民命。」蓋取意前日公之上疏也。

是月七日，上親起用黃道周。十日又親放禮部尚書王應熊。應熊，以首輔溫體仁之援而爲腹心者也。此兩日，體仁以待罪不入直，故論者皆謂王應熊之被放，實出文閣學之票旨。於是忌公者，愈眈眈矣。既而溫體仁搆專劾給事中許譽卿，削籍爲民。公乃謂譽卿曰：「科道而爲民，極榮之事也。敬謝老先生玉成之。」老先生，當暗指體仁。體仁聞之，乃奏曰：「皇上之所以鼓勵天下者，止於爵位，而文某以爲民爲極榮，此悖倫滅法之端也。」曰悖曰滅，欲以激聖怒。上覽之，果然。十一月乃罷公職。公在內閣，僅數旬耳。歸家後，以翌年崇禎九年丙子六月卒，年六十三。福王時，追謚文肅，著有藥圃集。

顧公家，自曾祖衡山，郎以風流儒雅爲士林所重。獨至公，遭國運傾欹，痛心疾首，慨時憤世。晚年始蒙天子特達之知，侍輪扉雖不久，而於崇禎五十輔臣中，尤以骨鯁見稱。明末竹塢遺民文秉字蓀符，於公爲仲子，嘗著烈皇小識，敍君臣遭際之概。歎曰：「方烈皇自藩邸入繼大統，毒霧迷空，荊棘滿地，帝能以子身出入其間，不動聲色，而巨奸立掃，眞所謂聰明睿智神武不殺者耶，取般儀監，盡撤內閣，政事俱歸外庭，誠千載一時矣，而逆璫遺孽，唯知力護殘局，不復顧國家大計，卽廢籍諸公，亦閱歷既久，情面漸深，無有贊皇魏公其人。我先臣以講筵辱蒙聖鑑，優被超拔，上雖有虛己聽之之意，然兩月居席，一語招尤，負神明之特達，致無所報。天乎人乎？豈氣運使然乎？」貴池吳忠節公應箕，以文章氣節著，人比之宋陳龍川，南都亡後，起兵應江上之軍，事未成，殉節。嘗有悼公之詩，詩云：

相國信公裔。大庭遭遇同。金閨十五載。凜冽標淸風。
一朝遘爰立。身通道反窮。時方工謠諑。安能久置公。
去國懷明聖。憂心日忡忡。黯淡吳閶邑。凄涼象緯中。
斯人不可作。世已摧華嵩。

公餘事善書，墨跡遍天下。一時碑版署額，謂多可與曾祖埒。詩不多作，其綴言平縟者，猶不失臺闊氣象。朱竹坨舉公遠行擬古一章，曰：「纏綿婉約，其屈宋唐景之遺音乎？」詩曰：

江之陽兮有嶼。江之陰兮有渚。
朝而風兮夕而雨。望夫君兮渺何許。
春波兮悠悠。日暮兮夷猶。
擥青桂兮爲檝。搴木蘭兮爲舟。
悅含思兮凝睇。乘清風兮遠遊。
遠游兮上下。載行兮載舍。
遵中流兮待君。將寄心於遠者。

王季重　思任

王思任，字季重，號遂東，浙江山陰人。其母夢太白入懷，以萬曆四年生先生，故小字金星。幼慧悟絕人，年二十，萬曆二十三年乙未成進士，出知興平當塗青浦三縣，爲袁州推官，所至鐫級。久之遷刑工二部主事，復出爲九江僉事，終被罷而歸。蓋先生爲人通脫自放，居官不事名檢，恆與狎客酗酒，狂笑大謔，達官貴人亦視之蔑如。故非毁漸起，仕進多不如意。在內與冷官閒曹爲伍，出外不耐折腰之辱。令青浦時，欲掛冠而去，問故園松菊，寄書陳眉公繼儒致意，眉公特裁書慰之。先生重其言，隱忍留職。眉公書云：

自來蠖屈而伸，鵬息而飛，非特造物成就之有機，卽聖賢之處困，亦必有道。願明公勿介之胸中，則十五城九萬里故在也。

先生歸里家居，未幾，京師先陷，南都又亡。時馬士英率黔兵挾太后至紹興，先生尚未知弘光帝就擒，乃致書士英。士英慚憤不知所答。先生書云：

閤下文采風流，才情義俠，某素欽之。卽當國運傾破，萬衆危疑之際，援立今上，以定時局，以爲古之郭汾陽今之于少保也。

然驕氣滿腹，酒色逢君，門牆黨錮，以致人心解體，士氣不振。叛兵至，則束手無策；強敵來，則望風先遁。致令乘輿播遷，社稷邱墟，閤下謀國至此，雖長喙三尺，亦何以自解？曷若明水一盂，自刎以謝天下？則忠憤氣節之士，尚可諒其他也。

苟欲求全首領，當立解樞機，授之才能淸正之大臣。呼號惕勵，以招英雄豪傑，中興之業，庶乎可成。

若或逍遙湖上，潦倒煙霞，依賈似道故轍，則千古笑齒夙已冷絕。若又不然，如伯嚭渡江，則吾越乃報讐雪恥之國，非藏垢納汚之區也。某當先赴胥濤，乞素車白馬以拒閤下。冒瀆尊嚴，某死亦不足自贖，閤下以國法處之，當束身以候緹騎；以私法處之，則引領以待鉏麑。

及魯王監國，先生擢僉事，遷禮部右侍郎，進尙書。嘗極言官亂民亂兵亂餉亂之失，乞休不聽，江上軍破，死之。或曰，先生此時已病，避兵秦望山丙舍，至後始卒。錢牧齋謙益亦曰：「季重平生好詼諧，嘗效大明律製弈律，自以爲必傳之作。亂後踉蹌避兵，猶負一局而往，遂死山中，亦枚皋郭舍人之流也。」

先生少有雋才，早馳譽場屋，博名文苑。好爲古文辭，淌漭塵秕，務臻險秀，推爲東南俊髦，風雅宗盟。惟其詩才情爛熳，更無持擇，入鬼入魔，滑稽坌出。或有評之爲鍾譚以外一惡道者。今試拾數句如左：

地嬾無文章。　天愚多暗雲。天長道中

春霖逢翕蝶。　江浪柂餮豬。雨泊

荷靜香催嚏。　樓疎氣破籠。快雨

風如盼婦私。　月更助夫虐。苦熱

烏紗實負靑紗債。　腰痛何如脚痛輕。口占

帝欲見公公不見。　蒙方求我我何求。壽陳眉公

雖然，其具詩人本色，接近風雅者亦不鮮，如左三首是也。著有避園擬存及虞山詠。

勺園

纔辭帝里入風煙。處處亭臺鏡裏天。
夢到江南深樹底。吳兒歌板放秋船。

西湖竹枝

陂陀葛嶺久淒涼。舊是驕奢宰相莊。
節用愛人猶勒石。可憐蟋蟀半閒堂。

又

競向西湖咏竹枝。廉夫可是獮情癡。
我來恥和儂郎句。要唱江東鐵板詞。

先生之書，筆力蒼勁，氣格雄厚，富於含蓄。明季諸公中，與董玄宰陳眉公相伯仲。畫則出自藻思，專工山水，每吮毫落紙，皴染滃鬱，其氣超逸筆墨之外。米家數點，倪法一抹，亦俱饒雅致。

孫鍾元 奇逢

孫鍾元，名奇逢，一字啓泰，世稱夏峰先生，直隸容城人。萬曆十二年甲申生，以華甲之齡，遭滄桑之變，清康熙十四年乙卯卒，年九十有二。所著有四書近旨、讀易大旨、書經近旨、聖學錄、兩大案錄、甲申大難錄、家禮酌、歲寒居問答、孝友堂家乘、畿輔中州人物考、取節錄、孫文正公年譜、乙丙紀事諸書，又表周程張邵朱陸薛王及羅念庵顧涇陽十一子，別作諸儒考附之。

先生少與定興鹿忠節公善繼友，以聖賢相期勉。年十四，謁同鄉楊補庭應尾，補庭問曰：「若在城中，內無兵糧，外無救援，若之何則可？」先生應聲曰：「効死而不去！」補庭，嘉靖忠臣楊椒山繼盛子也。萬曆二十八年庚子，先生舉於鄉。在京師時，與左忠毅光斗、魏忠節大中、周忠介順昌諸公交，以氣節相尚。旋遭親喪，歸而率兄弟堅執古禮，廬墓者凡六年，人稱至孝。

天啓五年，逆閹魏忠賢亂政，大興黨獄，左魏二公俱被逮。左公弟光明、魏公子學伊，脫身來投，周忠介又寄書先生，有句云：「一身作客同張儉，四海何人是孔融？」先生奮然而起，與忠節公父鹿太公正及新城張于度果中謀，傾身營救，且設匭揭示云：「願輸金救左督學者，請投此中。」蓋左公嘗爲三輔督學，有惠聲也。以是士庶雲集，忽得數千金。先生齎之至都門，則左魏二公已斃杖下。明年，周忠介亦下獄，擬贓若干，先生再起力救之。既得數百金，忠介又先斃杖下矣。先生爲經紀其喪，幷獲諸公遺骨，以貲給其子弟，使各奉歸鄉里。於是先生義聲振一時，與鹿張二人，並稱范陽三烈士。時顧亭林炎武有詩云：「蒼黃悲詔獄，慷慨急交親。」卽指此。

先是高陽孫文正公承宗以樞輔督師榆關，鹿忠節亦以職方參軍事，先生乃與忠節約至軍中，偏察山海形勢。孫文正欲留先生與鹿公同贊軍事，先生謂曰：「自古未有將相不合於內而能立功於外者。」辭而歸。至是御史黃宗昌給事中王正吉，雖交薦先生於朝，先生仍不肯起。後南都兵部尙書范景文，馳使聘先生，請當軍務，亦辭不赴。及崇禎九年，淸兵薄容城，先生率族黨入城，與有司分城守禦。先生領西北一隅，雉堞久圮，而淸兵驟至，隨築隨防，鄰邑皆陷，容城獨完。先生少答楊補庭「効死而不去」之語，於是乎驗。

自此後，盜賊相繼起於畿輔，先生率子弟門人入易門王公山，給茅雙峰，戚族之來依者數百家，飭戎器，儲餱糧，以暇賦詩習禮，不絕絃誦之聲，寇盜爲之屏跡，使人想如漢田子泰遭董卓亂率宗族羣從在徐無山中也。晚年渡黃河遊河南，訪邵康節許魯齋二夫子講學之蘇門山，愛其百泉之勝，有不忍去意。故水部侍郎馬光裕，乃以夏峰之田廬奉先生，先生大喜，遂家焉。築堂曰兼山，讀易其中，率子弟躬耕。四方之士，有來請學者，亦授之田，終至成邑。夏峰先生之稱，蓋自此出也。時德州馮大木廷魁有詩寫其情景云：

蒼茫亂雲西。落日射潭影。隱隱蘇門山。恍惚露靈境。
中有披髮翁。讀易消晝永。雲臥歗臺側。鸞音出半嶺。

凡公卿奉命使外，途過衞源者，皆屏騶從而造先生之廬。睢陽湯潛庵斌，以告養歸，從先生受業及十年。四川費仲若經虞，世稱孝貞先生，一日讀先生歲寒居集，大與先生合，臨死，遺命其子費此度密來從先生遊。方此度學成南還，先生送之以詩。詩云：

若翁遺命令從遊。北地南天喜應求。
聞所聞兮見所見。歸攜何物慰冥幽。

先生少與鹿忠節講學時，以陸象山王陽明兩家爲宗。晚年更參朱子之說，以愼獨爲歸。嘗自謂：「七十以往，每閱十年工夫愈益加密。惟獨知之地，在不敢自欺，又不敢或懈而已。」以此自持甚嚴，與人交不設町畦，每日晨起，必謁先祠，澄心端坐，雖病未嘗有惰容。有問學者，隨其器之高下淺深，導以性之所近。上自公卿，下至布素之士，皆歡然相接，如坐春風。故先生之名滿天下，無一嫉之者。山中花開，田夫野老，亦置酒相邀，先生亦一觴一詠，翛然其間。而其少壯豪俠之氣，仍稜稜爽露眉宇。嘗語學者曰：「吾始以與楊左諸賢同命自分，及涉亂離，犯死者屢，而終無恙，以至今日，所謂學貴知命不惑者，信哉。」又自題三語於壁云：「人生最繫戀者過去，最希望者未來，最輕忽者現在。」卒前二年，以詩寄餘姚黃梨洲（宗羲）勉以劉蕺山（宗周）之薪傳，梨洲感激不已，自謂奉爲鞭達。康熙乙卯，先生高齡已達九十二，是年四月大終。先數旬，廣平申鳧盟（涵光）奉詩先生祝壽，詩云：

邵許高風遠尚存。　傳經一代又蘇門。
庚年近百衣冠古。　意氣親人杖履尊。
客裏桑麻成井邑。　山中禮樂自乾坤。

徒聞處處行窩待。　數載先生不出門。

先生誠傳經一代之大宗，邵許兩賢之替身也。以是其訃一出，天下皆慟。河南河北學者，歲時奉祀百泉書院。易州學者，則就先生故宅，建雙峰書院，俎豆不絕。在容城則與劉靜修因楊忠愍繼盛同祀。在保定則與孫文正承宗鹿忠節善繼並祭。高風千載，於今尚存。太倉吳梅村偉業集中，有贈先生七古一篇，茲錄當贊辭。

題蘇門高士圖贈孫徵君鍾元

蘇門山水天下殊。中有一人淸且癯。龐眉扶杖白髭鬚。鶡冠野服談詩書。定州城北滱水瀦。白沙村畔爲吾廬。少年蹀躞千金駒。獻策天子來皇都。腰韃三矢至鹿盧。幽州臺上爲歡娛。日暮酒酣登徐無。顧視同輩誰能如。十人五人居要樞。拖金橫玉當朝趨。今我不第胡爲乎。有田一廛書百廚。鷄泉馬水吾歸歟。七徵不起乘柴車。當時猶是昇平餘。一朝鐵騎城南呼。長刀斫背將入驅。里中大姓高門閭。鞭笞不得留須臾。叩頭莫敢爭高腴。乞爲佃隸租請輸。牽爺擔子立兩衢。問言不答但欷歔。先生閉門出無驢。偃臥一榻絕朝餔。弟子二人舁籃輿。百門書院今空虛。此中聞是孫登居。太行秀色何盤紆。榿楠榛栗松杉儲。風從中來十萬株。嘯臺遺址烟霞俱。流泉百道穿階除。幅巾短髮不用梳。彈琴橫卷心安舒。微言妙旨如貫珠。考鐘擊磬吹笙竽。古文屋壁闡禹謨。異人手授先天圖。談仁講義追堯夫。後來姚許開榛蕪。斯文不墮須吾徒。誰傳此圖來江湖。使吾一見心踟躕。卽今絕學誰能扶。屈指耆舊堪嗟吁。蘇門山下有碩學。中原學者多沾濡。百年文獻其存諸。我往從之歌黃虞。

文啓美 震亨

文震亨，字啓美，文肅公震孟弟也。萬曆十三年乙酉生。天啓中爲恩貢生，崇禎十年丁丑，以謁選入京師，拜中書舍人，給事武英殿。原天子嗣位之初，例作琴百張，其製造，御用監司之，每張價五百金，極金徽玉軫之美。然有音無文，至今上，以無文爲嫌，欲更製琴曲，無能應者。時中書楊崇善，與先生同里，因邀先生至其家，使製譜，以之上進。上見韻義咸備，大嘉許，乃有此命也。居二年，聖眷極厚。顧文肅公在朝，奸人側目，爲之憂讒畏譏，不安於席。而先生乃吟咏徜徉，浮沈金馬之間，絕無嫉之者。其友江都姚永言 思孝 自都諫左遷外出時，先生有詩送之，處心之苦，亦情見於辭。

只此乾坤裏，何方可卽安。江湖雖浩蕩，涉履正艱難。
聖主乘春令，孤臣保歲寒。青山無限好，莫近夕陽看。

江西巡撫解學龍旣陞兵部侍郎，循例上書薦舉，其薦布政司都事黃道周，有「學問直貫天人，人品無忝孔孟」之語。時德州謝陞爲內閣首班，視爲羣臣結黨，欺侮君父者。十四年，遂得旨逮解黃二公。事連編修黃文煥，吏部主事陳天定，工部司務董養河及先生，俱下刑部之獄。案久不獲結，屢經嚴駁，幾將一年。及宜興周延儒再入朝，竭力周旋，事始釋，諸公皆放。

居一年，明社旣屋。淸廷以順治二年乙酉布薙髮令，天下大譟，以違制死者甚多。時先生流寓陽城，聞令投河，以家人救得不死，乃絕粒不食，旣六日，遺言曰：「我保一髮下覲祖宗，兒曹亦毋墮先志！」遂逝，時年六十一。著有塔影園集。乾隆間，恤其孤忠，詔祀忠義祠。

先生風姿韶秀，詩畫俱有家風。嘗有柳色五律一首，徐電發（釚）評之曰：「樓臺遠更宜一語，非工畫者不能道，」洵然。僅此一首，可想先生之詩與畫矣。

點染憑誰力。　東風着意吹。　自無攀折恨。　猶較淺深時。

金粉銷難盡。　樓臺遠更宜。　捲簾愁少婦。　望遠更成絲。

先生乃王百穀（稺登）之壻。有子名果，字園公，明亡後，祝髮爲僧，改名同揆，號輪庵和尙，遠居雲南大理府。所著有寒溪集，紀明末軼事甚多。其鼎湖篇一首，命意正大，措詞悲涼，不讓吳梅村永和宮詞也。自序云：「丁丑戊寅之間，先公受知烈皇，遵旨改撰琴譜，宣定五音正聲，薦之郊廟大祀。上亦自製五皇建極百僚師之諸操，與先公付內翰尹紫芝翻譜鉤剔。時司其事者，內監琴師張某也。張某奉命，與宮嬪褚貞娥等師尹內翰受琴學指授，屢受賜珍物酒果縑葛之屬，極一時寵遇。及闖賊犯京，烈皇殉國，善琴諸嬪御皆投池而死，內翰恐御製新譜失傳，忍死抱琴而逃，南歸謁先公於香艸垞，語京師之變甚悉。自此後三十九年，不復聞內翰音耗。今茲癸亥之秋，忽來寒溪，與余相見如夢寐，內翰意欲從余學佛，爲賦此篇以贈。」詩云：

鼎湖篇

鼎湖龍去秋冥冥。驚風吹雨秋山青。
白頭中翰淚凝霰。叫霜斷鴈棲寒汀。
烈皇御宇十七載。身在深宮心四海。
一朝地老與天荒。城郭依稀人事改。
當年删定南薰曲。內殿塡詞徵召促。
琴張好學直乾淸。先公屢賜金蓮燭。

雅樂推君獨擅長。望春樓下拜君王。
高山一奏天顏喜。奉勅新翻舊典章。
昭儀傳諭何諄切。予賚先頒女兒葛。
上林避暑撫絲桐。溫語貞娥道祕訣。
流泉石上坐相邀。薇省風清玉佩搖。
神武門前輕執戟。永和宮裏薄吹簫。
如意初傷淚沾臆。那堪又報河南失。
鈿蟬零落葬田妃。池水蒼茫尙凝碧。
寒食花飛不見春。冬青冢樹斫爲薪。
煤山一片淒涼月。猶照疆場血化燐。
世間萬事須臾夢。老臣別有西台慟。
四十年來寄食艱。何人再聽高山弄。

文啓美

鑑湖南去雲門外。古寺松篁景晻靄。
維舟無意忽相逢。恍惚夢魂同晤對。
夕陽影裏話前朝。天壽諸陵王氣消。
留得閒身師白足。滿頭霜鬢影蕭蕭。

黃石齋 道周

黃忠烈公，諱道周，字幼玄，別字幼平，又曰螭若，號石齋，福建漳浦人也。淸乾隆間，改謚忠端，從祀孔廟。公萬曆十三年乙酉生，家貧，自幼刻苦力學，時時挾册遠遊。嘗入羅浮山中，自得讀書之法，過目輒不忘。天啓二年，以進士及第授翰林編修，屢起屢蹶，崇禎十一年戊寅，始遷少詹事，兼侍講學士。平生以文章風節自高，嚴正剛方，不諧流俗，公卿多畏忌之。嘗上疏自陳曰：「臣文章意氣，坎坷磊落，俱不如錢謙益、鄭鄤。」時鄤以杖母被告，大惹時論者也。忌公者，亦藉口於此，相謀議公。會楊嗣昌居喪入內閣，陳新甲亦居喪拜大總督，公起而劾之。帝甚怒，遂召公平臺，親加詰責。楊嗣昌亦自辯云：「臣不生空桑，豈不知父母？臣嘗再辭，聖旨敦迫至此耳。道周以學行聞，臣始嘗仰企，今自謂不如鄭鄤，臣不能不太息絕望也。鄭鄤杖母，乃梟獍之行，道周而不如鄤，又何綱常之可言？」公曰：「臣謂文章不如鄭鄤耳！且古人謂對仗而讀彈文，嗣昌身爲大臣，理宜代罪，豈出橫言可得而爭耶？」於是嗣昌退座。帝乃叱「誹謗大臣，非公所宜。」公對曰：「臣與嗣昌比肩事主，何歉何忌，而不盡言？臣今日若不盡言，是臣負陛下，陛下今日殺臣，是陛下負臣。」其言愈激切，帝益怒。公之敢致忠言，不避斧鉞概如此。竟爲獲罪，謫江西布政司知事。

十三年庚辰，江西巡撫解學龍疏薦地方人才，謂公足任學行輔導，上復疑出於朋比，怒逮公與學龍，廷杖下刑部獄。戶部主事葉廷太學生涂仲吉上書頌公，亦皆被廷杖。當是時，告訐公行，忌公者爲立閩黨之說，以激上怒，必欲殺公而後已。十四年十二月，得旨將公遠戍湖南辰州。

洎舊輔宜興周延儒再入執政，天下皇皇望起用公，蓋延儒深荷聖眷，應對亦敏，微言能翻天意也。帝一日御經筵，歎講官之不學。延儒乃進曰：「黃道周其識誠偏，學則所長。」次輔亦繼之曰：「道周家貧且病，乞移近戍。」延儒曰：「皇上無我之心，原同天地，道周既有學，直起用之，何言移戍？」帝笑而不言。既退，卽御書卽日原官起用之旨，但公尙未就道，忽有甲申之變。

是歲福王卽位南都，召公拜吏部右侍郎，公不欲出，馬士英遣人諷之曰：「人望在公，公若不起，豈仿史可法擁立潞王乎？」公不得已而趨朝，陳進取之策九道。九月，陞禮部尙書掌詹事府事。尋以祭告禹陵辭闕下，未及復命，明年乙酉，南都亦破。

是歲閏六月，路振飛、鄭鴻逵、蘇觀生諸臣，相與奉唐王入閩，公迎之浦城，閩中各官，亦皆來會。七月，唐王至福州監國，八月卽皇帝位，改福建爲福京，福州爲大興府。明年丙戌一月，改元隆武元年。於是各官陞賞，公以吏部尚書武英殿大學士爲內閣首班。武臣封鄭鴻逵爲定虜侯，鄭芝龍進平虜侯，芝龍弟芝豹爲澄濟伯，鄭彩爲永勝伯，文臣任蘇觀生爲吏部右侍郎東閣大學士，張肯堂爲吏部尚書，曹學佺爲禮部尚書，何楷爲戶部尚書，周應期爲刑部尚書，鄭瑄爲工部尚書，部署皆備。尚自公外，凡聲望稍著者如何吾騶、蔣德璟、黃景昉、朱繼祚、姜曰廣、吳甡、高弘圖、路振飛、林欲楫、曾櫻、鄭三俊、熊開元、黃士俊、顧錫疇、陳子壯諸人，皆被命爲大學士，然多止遙授，親身至者，數人而已。

當是時，兵馬之權，歸鄭氏一門，芝龍藉漸專恣。一日賜宴大臣，芝龍以身爲侯爵，自居首輔之上。公謂祖制無武職列文官之右者。芝龍辭屈，終讓公先，然自是不與公善。公見芝龍久無出關之意，帝亦屢屢諷之，每以餉乏爲辭，遂自願出關効力，言聽。公因向芝龍請兵請餉，芝龍皆不應，公乃召募市井，卒獲三千人，竟率之就道，隨地募兵收糧。議者謂：「今天下大勢十去八九，閩疆君臣，惟保境息民，繕兵積穀，聯絡楚豫江上之師，徐觀動靜，則事或有成。乃以新募不教之兵，向連年戰勝之敵，是驅羣羊與猛虎鬪，使枋雀而逐蒼鷹也。況文武不和，糧餉不給，參商訌於朝右，庚癸呼於首山耶？內外緩急，倒置其序，危敗立至矣。」寧化李世熊，學高志敦，與公有師生之誼，亦上書於公，切諫其行。有言云：「先生此行，召募市井，所獲纔三千人。國帑不給，而資門生故舊之捐助，此一時義憤之激發所致耳。朝廷僅給空名劄子百十道，以爲行糧，兵事歲月不解，而義助能支長久歲月乎？空名劄子，可當衣食而易死命乎？欲士馬飽騰，人人致命，以三千未教之卒，諸道並進，可當千萬方張之敵乎？一旦誓師出關，事則有進無退，苟進無破竹之勢，退將安據？若謂明祚雖衰，天命未改；祖宗威靈，久被澨陬，至誠動物，或不戰而勝，或因壘而降，則古來萬一之事，非不肖所能信，先生亦決不能儌倖之也。」

惜乎！箭已在弦，世熊切切之言，亦無由留公。公竟出關，時猶弘光元年乙酉七月也。公所至，以忠義激發，親署劄子，付以獎語，得之者視誥勅爲榮。旬月之間，應募者及九千餘人。惟多未訓練，未能應敵。自江西廣信至衢州時，婺源縣令某本公門下，佯以降書致公，公以國家養士數百年，人心所存，傳檄自定，遂決計深入，往抵婺源明堂里。詎淸軍猝至，公軍一敗皆殲，公始知爲縣令所賣。顧從者曰：

「吾死此矣，」遂被執。職方趙士超賴維謹，通判毛至潔、蔡春溶四人從之。公道中絕粒七日，不死，竟至江寧。淸督師洪承疇，公之鄉人也，使人來言曰：「公毋自苦，吾將保公不死。」公罵曰：「承疇之死也久矣！松山之敗，先帝痛其死，躬親祭之，焉尙得存？」承疇不以爲意，請爲公貸死，淸廷不許，承疇乃具禮囚公於其館。公在館中，日與門人講習吟咏，手不廢握管。授命之前夕，故人持酒肉來訣，公與飲啖如常，酣寢達旦。起而盥漱更衣，謂老僕曰：「曩某求予書，予已許之，不可不果。」乃和墨伸紙，初作小楷，次以行書，其幅甚長，以大字足之，竟加印章始出。途中有坊，題曰福建門，公指曰：「福建吾所居也，吾親在也。」南向再拜，遂坐而就刑。士超等四人偕死。時隆武元年丙戌三月也。公年六十二。著易象正義、三易洞璣、洪範明義、孝經集傳、春秋揆、續離騷及石齋集諸書。

當是時，閩中朝政大紊，文告不通。公歿後已閱數月，而或言無確報，或咎其棄師，未有表行追恤之命。於是李世熊憤然而起，請排滿廷之浮議，表公出師之苦衷，褒恤之不可忽。其疏情詞懇切，上爲之震動，卽日諡曰忠烈。其疏要曰：

臣聞天下之憂，不在兵食單匱，邊疆壓迫；而在人情頑蔽，畏死偸生。何則？兵食有裕足之方，邊疆有恢擴之策；獨衣冠鄙薄，名節陵遲，縱士馬飽騰，日闢百里，猶不過藉寇資敵耳，此臣之所以憂也。臣竊見輔臣黃道周，孤節抗敵，義不顧身，身陷敵營，絕粒就死！史册所書，於今爲烈。竊意朝野震悼，慕義無窮，而百僚歛聲，寂而不聞彰闡之事。臣謂人情頑蔽，不知死義之榮也。若陛下不顯拔孤忠，形之儉鄙，恐日往月邁，頹靡相沿，復無言請纓裹革之士，陛下即撫有函夏，亦何以激勵臣民耶。

且今之士大夫，無頌輔臣之烈，以祈帳蓋之恩；則將來反搆輔臣之短，以熒日月之照。其說一則曰：輔臣懵不知兵，迂愚自用；一則曰：輔臣失律輕生，無益於國。夫兵何易言耶？管夷吾諸葛亮，古今之才也。而夷吾自謂「平原廣囿，車不結軌，士不旋踵，鼓之而三軍視死如歸者，不若臣王子成甫。」陳壽論三國人物，言及諸葛曰：「應變將略，非諸葛所長，街亭挫敗，弟子與尸，」而世未有爲管葛病者。蓋人各有所素蓄耳。縱知兵如孫臏、吳起、穰苴、王翦之徒，狡詭退託，中懷二心，陛下用之何爲？至若全軀降竄，與棄軀慷慨，雖均於國無益，陛下與於降竄而全軀者乎？將與慷慨捐身者乎？況輔臣之捐生，不在孤軍失律之日，乃在離朝去國之時，驅市人。

而戰，其數不滿三千，量形不足於襦，節腹不足於食，孤危蕭颯，臂指無援。惟以忠信爲餱糧，以仁義爲干櫓，其事實難，蓋有史册以來，未有如大臣視師部署單薄者。卽孫吳董之臣亦知纖芒薄柱，其碎立見。故曰輔臣辭朝之日，乃畢命之日也。

若有謂輔臣徒費國餉損威令者，此尤不解大體之言。昔西夏之變，韓琦出師環溪，與鄜延不協，遂有好水之敗。士卒招魂慟哭震野，韓琦掩泣駐馬，上章引罪。而韓魏公威名，不因此毫損。紹興初，張浚合關陝之兵三十餘萬，尙有符離之敗，國家之積兵蓄財，掃地無餘。及其卒也，孝宗震悼輟朝，謚曰忠獻。誠以士馬破傷，生聚可復，寶臣殄喪，倉卒不可求故也。宋之君臣，猶識大體，今輔臣之損，魏公不足擬其萬一，而原草初膏，身名俱燼，臣實傷之。

春秋時，陽門介夫死，子罕哭之哀。晉人以爲宋不可伐。仲尼曰：「善哉，覘國者也」。今輔臣直節清風，播聞夷裔，豈獨陽門介夫而已？而四方蠢動，窺伺國釁，又甚於晉之覘宋！但舉朝曾無子罕之哀，孔子聞之，將何謂乎？死敵者無褒，降敵者無罰；名臣遇難，士夫不加哀，則具臣失節，士夫亦不以爲辱矣。烏知敵國之人發蒙振落，不輕笑吾朝士乎？且陛下之於輔臣，如頭首股肱，疾痛相關，況死喪耶。昔漢賈復傷創，光武驚怛，以子女許於腹孕，天下於是歸之。輔臣負郭無田，兩孤尚幼，誠宜特賜廟謚，寵其遺系，可使遠近慕義者，奮激以就功名。不然，隳豪傑之心，塞報禮之路，遠遜光武之仁，近爲覘國者笑；臣雖微賤，敢代抉朝賢之口，爲國家昭布義聲爾。惟陛下垂察。

公學綜天人，以易、詩、書、春秋爲符，參兩掛揲，窮變極頤。嘗辨宋儒論氣質之性之非，謂：「氣有清濁，質有敏鈍，自是氣質，何與性相關?性者，通天徹地，惟性而已。性於極動處亦不動；於不睹不聞處，亦能睹亦能聞，其間不容有纖毫氣質。宋儒所謂氣質之性，君子不以之爲性。」然明儒學案著者評之曰：「心離知覺無所謂性，離氣質又無所謂知覺，以此求盡性，則不免易落懸想。竊以爲公有學問則可，否則尚須商量也。」公平生講學，在浙西於大滌洞，在閩中於蓬萊峽。少長咸集，遐邇俱來，琴瑟鐘磬，宛然有濂洛遺風。莆田林佳璣，十六補諸生，好講王霸大略。一日來謁公於講壇，抗聲長揖曰：「天下雖望先生以文章忠孝，然王祥何曾救魏晉，寧武子不能止晉鄭之熄，張華博物，亦徒虛語。故佳璣所望先生者，文章忠義之外也。」公爲之諄諄申仁義之旨，佳璣始悔其非，折節受教。學成歸時，公以詩贈之，有句云：「但道一邱吾自足，應分半畝與君居。」公學洽於後進，成就其才，概如此。

公詩文書畫，亦皆自成一家。海寧沈天目（兆昌），品節之士也，崇禎壬午授漳浦令，與公相善。時鄭芝龍擁兵跋扈，嘗遺裨將徵餉漳浦，天目罵擲其檄，自掛冠去。來別公，有句云：「何人敢罵平原坐百?藥難醫屈子窮。」公亦咄嗟把筆，送之以詩。詩云：

嬾石愚溪各小山。　但無芝草愧商顏。
數行鳥跡沙田外。　一幅漁簑風雨間。
世道自隨人變化。　野花聊與竹斕斑。
不堪垂老看新曆。　賴爾巾車數往還。

公書法本於秦篆漢隸，眞楷行草，猶帶分隸之意。筆致淸嬌，氣格閒雅，凝神靜慮，有他人不易到處。崇禎己巳，初拜廷杖時，血肉糜爛，身不能動，乃憑一敗几，日寫孝經。或作小楷，或作分隸，凡百餘本，各自繫跋文，無一語重複者，時人得之，侈爲奇寶。其畫自書出，一點一拂，關紐相通。最以松石蘭竹擅長，元氣渾灝，橫逸楮墨之間，學者稱爲聖品，蓋純乎士人之畫也。公遺蹟中，有崇禎元年戊辰秋，辭京南下，濟寧舟次，逢牕無聊，欲作畫示重兒，意興未至，僅寫蘭石擱筆，翌年己巳夏，獨訪友漳溪，下楊幾日，再出此卷，補苔蘚雜芳草以完成之，題寄重兒一卷。今讀其詩，孤懷鬱結，無可奈何，如遠嗣響於屈子之澤畔吟。詩云：

此遊尋舊好。　強半如行路。　別將隔經歲。　有話向誰吐。　雖耽山水佳。
不若時相晤。　所望要努力。　毋念我年暮。　寫蘭兆夢蘭。　九畹汝持護。

蔡玉卿 石潤

蔡夫人名石潤，字玉卿，福建漳浦人，黃忠端公道周繼配也。性貞慧，能詩善書，最工繪事。忠端公殉難後，撫孤立節，壽過九十卒。

夫人之書，王漁洋士禎評之曰：「能得夫君之法，造次視之，殆不易辨。」蓋與忠端公同以正楷中雜分隸字，畫端勁，不類婦人書，故往往有忠端公書或出夫人之手者。畫以寫生爲主，得五代人遺法，一花一葉，俱極生動。

「草草一世間，遂爲稊與秕。」又「浮雲不可刊，月華爲之虧。」此忠端公在戍時，夫人自責之句也。夫人此時，寫心經百卷，以慰夫君及忠端公兵敗被執，夫人致書曰：「到此地步，祇有致命遂志一着耳！更毋轉念！」聞之者，以爲與宋王炎午生祭文丞相，其意相同，洵閨閣中鐵漢也。

崇禎九年丙子，夫君家居時，夫人受命作雜花畫冊，清初藏趙谷林昱小山堂，後傳歸乾隆梁文莊公詩正手，萬拓坡光泰觀而爲賦長篇，冊中所畫凡花卉十幅，各有夫人自題四言兩句。山茶云：

「饕風虐雨，浥注鮮明。」千葉桃云：「不言成蹊，匪緣色媚。」芍藥云：「折花贈行，黯然消魂。」諸葛菜與荷包牡丹云：「蜀相軍容，小草見之。」罌粟云：「對此米囊，可以療飢。」萱花與剪春蘿云：「睠焉北堂，勿之洛陽。」鐵線蓮云：「小草鐵骨，亭亭自立。」金絲桃與品字蘭云：「湘江武陵，式滋他族。」秋海棠與淡竹葉云：「君子于役，閨中腸斷。」月存長春云：「兩族竝芳，四時皆春。」亦可窺其藻思之一端也。

程穆倩 邃

程穆倩，名邃，號垢區，一曰垢道人，又自稱江東布衣，安徽歙縣人也。博學工詩文，早上京師，啓禎間，從漳浦黃石齋（道周）清江楊機部（廷麟）二公遊，其名奕奕。爲人眉宇深沈，視下念重，平生尙氣節，絕意制舉。取友頗嚴，好推獎布衣韋帶之士，以是人益重之。

當時馬士英阮大鋮二人，被屏斥於東林諸君子，悵乎不容於世，屢欲招致先生，亦爲所拒，二人大不懌。會吏部主事姜垓，見行人廨舍題名碑有阮大鋮名，上疏請毀之，大鋮疑疏成先生手，銜之愈厲。甲申變後，福王立南都，馬阮俱被起用，乃相謀大興黨獄，以湔宿恥。捕吏四出，江左諸君子皆重足而立，先生未逮難時，先遣妻子赴山中，始逃。南都亡後，僑居揚州，一生以遺民終。嘗歲除題詩壁上，有句云：「帝王輕過眼，宇宙是何鄉?」卒時年九十餘，著有會心吟、蕭然吟。

康熙初，王漁洋爲揚州司理，正所謂「晝了公事，夜接詞人」之時，其冶春詩「白岳黃山兩逸民」者，卽指先生與休寧孫無言（默）也。一年，朱竹垞（彝尊）來遊揚州，迎先生與無言泛舟虹橋，有清平樂之作。其詞曰：「鶯和蝶到秀發王孫草。借問春風何處好。乍逐東西傾倒。曲水竟日題詩。槐陰柳色通達。且願相留歡洽。欲去不去遲遲。」一時惲南田亦來訪先生，詩酒連宵，贈以長歌一篇，其氣鬱轖，其辭悲涼，如哭如歌，兩賢面目固仿佛於紙上也。歌云：

客衣夜冷秋風發。閒花滿地秋濤沒。廿四橋邊無美人。玉簫聲與涼雲結。我望青天不見月。游子今宵生白髮。吁嗟程夫子。豪宕高陽徒。得錢每沽酒。轂屐來相呼。紅蕉花底傾玉壺。尊前感恩皆狗屠。奏刀砉然天雨粟。鍊石欲使神靈趨。六書奧府開榛蕪。抽毫蒼史爲先驅。吁嗟程夫子。胸中感慨何時無。一身藏命因鉤黨。千古傷心聽蟪蛄。銅駝金狄不能語。江山淚盡延秋烏。於今老作諸侯客。還似歌薇一餓夫。腰下猶存玉轆轤。席間尚有紅氍毹。醉後放歌小天地。悲來浩氣傾江湖。蒼茫四壁君何有。徒以千金享敝帚。禽蟲托諷聊自壽。仙人玩世還稱垢。楊黃舊事關心久。（程君爲機部石齋兩先生門下士）九辯哀辭時在口。我亦江城失職人。聽鷄夜舞頻呼友。我飲不能盡一斗。君呼烏烏我擊缶。停歌顧我且勿憂。明朝尚有盈樽酒。

先生爲人淵雅，嗜古，通金石，精鑑別，家藏書畫什器頗多。平生能書善畫，最工篆刻。其山水純法巨然，而以枯筆渴墨取勝，神趣獨絕，與以潤筆者迥異。其友王昊廬澤宏評之曰：「昔張璪有生枯之筆，潤含春曜，乾裂秋風，獨穆倩得之。」沈朗倩顥題先生畫云：「老筆含蒼秀，遊神董巨間；故人詩境好，悟入兩宗禪。」周櫟園亮工亦與先生友善，知先生畫最深，其言曰：「洪武楊孟載評黃子久畫，謂如老將用兵，不立隊伍，而頤指氣使，無不如意，近人惟垢道人能之。道人詩字圖章，頭頭皆第一也。」

先生書法，各體俱出秦碑漢石，眼空晉唐，氣韵甚古，以是境地亦極高。或挾勢力臨之，決不首肯；而偶有契合，則欣然從事。先生嘗酒酣起舞，白雪照窗，紅燭在几，墨池魚龍，亦躍躍欲飛，先生更以爆竹數聲以壯其氣，然後攘袖濡毫，立盡所積大小若干幅，猶有盤礴餘勇云。

先生之書已如此，故所摹印之篆法，亦蕭森蒼老，獨步一世。周櫟園書先生印章前曰：「印章一道，初尚文何兩子，而頗多被棄於世，猶詩至王李後，不得不變爲竟陵也。黃山程穆倩，以詩文書畫奔走天下，偶然作印，力變文何舊習，世論翕然稱之。蓋穆倩於斯道苦心所致也。故又高自矜許，不易爲人作，索其一印，有經月始得，有經歲始得，有終不得者，以是頗爲不知者所詬厲。然穆倩仍抱其詩文，傲視一世，何以爲意？予交穆倩幾三十年，得印不滿三十方。」先生篆刻，爲世珍重可想矣。

方孩未 震孺

方震孺，字孩未，安徽桐城人，移居壽州。萬曆四十一年癸丑成進士，初知沙縣，擢湖廣道御史，巡按遼東後，經都御史至廣西巡撫。國變後，卒南都福王朝。

當先生以知縣之擢御史也，卽以疏言客魏兩姦事，於梃擊移宮之案直聲震朝野，迨清兵破遼陽，一日上十三疏講守禦，且自請出關犒師弔恤死傷，軍民大悅。既而內外不和，邊事大壞，清兵遂渡三岔河，列城相繼奔潰。時參將祖大壽擁殘兵在覺華島，先生慮爲清兵所購，航海至島中與大壽相見，直率之而歸，全其軍民輜重者無算。

明年，逆閹魏忠賢興大獄，以私贓誣先生，投獄擬大辟。獄卒憐其忠，朝夕飲啖之，因得不死。崇禎嗣位，始被釋返里。會賊來逼鳳陽，壽州亦危，長吏又去任，先生乃唱義與士民固守，城因以全。巡撫史可法奏其功，起任廣西參議，擢巡撫。福王卽位之初，舉朝敍翼戴之功，不復以報復爲意。先生慨然上疏，謂諸臣皆自高夾日之勳，微臣終不禁攀髯之痛；願提一旅，與賊一決。然爲奸臣馬士英之阻不得達，竟抑鬱嘔血死。

先生平生善詩文，時畫人物仙釋，品詣亦妙。天啓中，爲逆璫下獄時，獄中三經中元，乃賦云：

黑海中元三度過。　青山一望淚滂沱。
浮生幾日仍衣食。　鄉夢頻宵怯網羅。
心上盂蘭依古寺。　天邊墳墓近淮河。
荒原秋草知蕭瑟。　況復傾巢江上波。

倪鴻寶 元璐

倪文正公諱元璐，字玉汝，號鴻寶，浙江上虞人也。萬曆二十一年己巳生，天啓二年壬戌以進士入詞林，雅負人望。崇禎初，天子勵精圖治，魏忠賢雖已伏誅，而楊維垣輩尙護持舊局，力扼東林諸君子。公乃自進二疏，一言方隅未化，一言臺臣之私見未除，極爲剴切，帝爲之動心，維垣輩之毒網始破。世稱公之二疏爲廓淸首功者，卽以此。公更上疏，陳三朝要典全成於奸人之手，請速燒毀，亦爲帝所嘉納。累遷至國子祭酒，位漸稱其器。加之前宰蒲州韓爌再入輔政，能斥羣小，引正人，一時皆稱其治。

崇禎三年，韓爌引疾辭職後，大學士成基命代之，性寬曠，事每止持大體，政柄全歸閣僚之手。尤以禮部尙書溫體仁，陰柔有機智，方其羽翼未成，力承周延儒意，排擠其他。延儒固爲內閣首班，體仁復設事傾陷，取而代之，在職者八年，專務刻核，以迎帝意。羣臣見之，雖爭相疏劾，而帝以爲體仁孤立無援，所至信任益厚。於是體仁獨擅政事，正義諸公莫敢觸其兇鋒，崇禎之政，墮地無餘矣。

大學士文震孟，亦爲體仁所陷，去職歸里。體仁次卽恨公，有如刺骨，必逐公而後快，但言路幕僚，無一應己者。乃以南京操江之職爲餌動武弁，誠意伯劉孔昭進而應之。遂摘發公冒封之事。公因取誥勅請驗事之有無。體仁見無證跡，於是先部議竊矯旨令公以冠帶而就閑地。劉孔昭雖因此得南京操江之職，然舉世皆曰，開國元勳劉青田基，有如此子孫，辱青田甚矣。

迨天日再明，體仁之姦漸爲帝知，體仁懼而乞閒，遂放歸田里。朝廷起公於家，敍兵部侍郎，召赴京師，公以母老固辭不就。既而聞畿輔被兵，乃自冒鋒鏑北上，上疏陳機宜，言皆稱旨。陞戶部尚書，嗣遷禮部尚書兼翰林院學士。崇禎十七年甲申三月，闖賊李自成俄圍京師，十七日城竟陷，帝以身殉社稷。公聞變，乃整衣冠，北向拜父，南向拜母，畢，書几上曰：「南都尚可爲，死吾分也，勿以衣衾爲殮，聊曝吾屍，以志吾痛！」遂取帛自縊而絕，時年五十有二。福王時，贈少傅，謚文正。及淸，改謚文貞。著有兒易內外儀及倪文貞公集。

公爲人忠亮勁直，韜才斂氣，絕不爲矯激之事。相傳爲諸生時，訪同郡呂晚村留良於其家，晚村揭一聯於堂楣，曰：「囊無半卷書，惟有虞廷十六字；目空天下士，只讓尼山一個人。」後晚村詣公，公亦揭一聯於堂，曰：「孝若曾子參，纔足當一字可；才如周公旦，容不得半點驕。」及入詞垣，身無言責，居無咎無譽之地位，自任天下之重。與漳浦黃石齋道周友善，以名節相勵，誠心誠意，憂國憂君，知無不諫，諫則必犯顏而言，九死不回，有引裾折檻之概。

晚年歸里後，築屋紹興城之南隅，牕檻法式，皆自計畫，工匠爲之束手。工成，皆歎其精細。時公方患目疾，求程君房方于魯所製墨塗壁，每日默坐其中。會門生魯元寵以司李往徽州，爲公遍覓程方之墨應之，未數日，又奉公命。怪謂「先生染翰雖多，應不如此易盡；」既聞病目，始解其故。

又於堂東建樓三層，顏曰衣雲閣。兩傍植竹數百竿，凭欄則萬壑千巖，皆在舄下。閣始成時，值黃石齋至，公施以錦帷，張鐙四照，以迎石齋。石齋不怡，謂國步多艱，我輩不宜宴樂。公笑曰：「爲與公訣耳！」迨公北上殉難，斯閣竟二公永訣之場。後公二年，石齋亦授命南都。清順治十二年，秀水朱竹垞彝尊來遊山陰，與客登閣上，追懷二公往事，低徊不能去，乃作詩弔之，詩云：

偕謝晉吳慶楨登倪尚書衣雲閣

飛樓高百尺。畫棟長氤氳。我來偕客一延佇。置身髣髴雲中君。
憶昔樓成時。尚書歸田里。北海方看尊酒開。東山終爲蒼生起。

自從龍馭歸鼎湖。　公亦仗節死京都。　子規燕市尋常見。　白鶴遼東歲月徂。
十餘年間亭已壞。　游客經過增感慨。　噫吁嘻黃公授命大中橋。　魂兮欲歸不可招。
千門白下總蕭瑟。　何況尚書一廛室。　請君下樓歌莫哀。　回首高城月東出。

公有子，名會鼎，字子新，公歿後，杜門養親，持身高潔。嘗謁文信國祠，有句云：「天地於今留正氣，故鄉何必遜黃冠？」康熙十年，詔天下舉山林隱逸之士，當路有爲之推轂者，力辭不出，名德爲一鄉矜式。

公詩文書畫，皆爲世重，寸楮尺墨，人爭寶之。或有評公詩過於新奇者，然竹垞舉公天啓中所作殞曆詩一篇，謂最典重。公書尤長行草，鋒芒銛利，斂放隨意，轉折處自出機軸，使人想右軍尺牘之一體。學者評之曰：「張二水瑞圖有公之活潑，而無其淸矯。」公餘事又涉六法，平素喜寫竹石，以水墨爲主，極蒼潤古雅之致。其山水多自大小斧劈皴成，崚嶒兀臬，鬱勃莽蒼，峻秀之氣，溢於毫端，與世之描頭畫角以媚人者，相距甚遠，蓋畫苑之逸品也。

蕭尺木 雲從

蕭尺木，名雲從，尺木其字，自號無悶道人，安徽太平府下當塗人也。萬曆二十四年丙申生，崇禎十二年己卯舉副貢生。數年遭國變，竟不就仕。淸康熙十二年癸丑卒，年七十八。嘗題郊居述所感云：

隨意寒塘落釣鈎。青蛉作伴立竿頭。
浮雲天際歸何處。獨樹溪邊影不流。
蹈海魯連龍戰日。還家典屬雁聲秋。
身經遷播皆萍梗。一有吾廬更有愁。

先生早以詩古文辭自娛，精六書六律。等身著作，皆藏於家，獨梅花堂遺稿行世。嘗取杜詩七律，考其平仄與聲調之協和，引證古今，出入經史，援據甚博。惟杜律無拗體一語，王漁洋士禎笑其過於穿鑿，蓋在先生亦有一種見地也。時錢塘吳錦雯百朋，大重先生之爲人，謂「亮節高致，博雅之宗」云。

先生之畫山水，非宋非元，自成一家，蕭疏清快，全出性靈，頗有逸致。與同邑孫無逸逸齊名，世稱孫蕭。錢塘吳寶崖陳琬曠園雜志云：『太平太守胡季瀛，夙慕先生畫，三訪俱辭而不見。太守怒甚。時釆石磯重修太白樓，其工始竣，乃列先生之名於罪案中，捕至樓中，令曰：「若畫圖四壁成，卽釋汝！」先生年已七十餘，又方病，不得已畫匡廬、峨嵋、泰岱、衡嶽四大名山，凡七日而就，遂絕筆。至今登樓者，歎賞不置，畫與斯樓，俱千古也。』康熙中葉乙丑，王漁洋出使南海，還登此樓，觀畫壁，幷作歌云：

釆石太白樓觀蕭尺木畫壁歌

落帆向牛渚。直上太白樓。錦袍烏帽太瀟灑。迴看四壁風颼颼。蕭生何年畫此雪色壁。峯巒出沒煙嵐稠。元氣淋漓眞宰妬。江湖澒洞蛟龍愁。吳觀越觀上海日。蒼烟九點橫齊州。祝融諸峯配朱鳥。瀟湘洞庭放遠遊。峨嵋雪照巫峽水。匡廬瀑下彭湖流。須臾使我行萬里。膂如怒隼凌淸秋。我生海隅近岱畎。西遊曾上瞿塘舟。昨登五老弄瀑布。卻臨三峽窺龍湫。七十二峯身未到。蒼梧已略天南頭。太白遊蹤遍四海。晚愛釆石聊淹留。丈夫當爲黃鵠擧。下視燕雀徒啁啾。

楊龍友　文驄

吳梅村畫中九友歌有云：「阿龍北固持雙矛，披圖赤壁思曹劉；酒酣灑墨橫江樓，蒜山月落空悠悠。」阿龍者，卽山西吉州籍，貴州貴陽人，前參政楊師孔子文驄，字龍友，別字一山其人也。萬曆二十五年丁酉生，早娶同郡馬士英妹生子鼎卿，移家秣稜。萬曆末舉鄉試，後擢知江寧，被御史詹兆恆所劾，罷官候訊，事未竟，而有京師之變。

及福王卽位南都，召拜右僉都御史，兼兵備副史，分巡常鎮二府。方淸兵南下，監軍北固，以金山與潤州蒜山相對，控制南北，請築長垣而以資守禦。迨淸兵臨江，駐兵金山，與大將鄭鴻逵軍合，隔江相持，未幾，淸兵乘大霧渡江，吾軍悉潰走。先生乃率所部入蘇州，先刎淸之安撫王家鼐，與城中人士謀舉事。聞南都已陷，知蘇州亦不可守，遂移軍至浙中。

時唐王爲淮撫路振飛所扶，自鳳陽逃至杭州，鄭鴻逵自京口，蘇觀生自南都，皆來會。遂奉王入閩。乙酉閏六月，卽位福州，改元隆武。先生前在鎭江，與帝有舊，帝乃拜爲兵部右侍郎，兼右僉都御史，提督軍務，守處州，以圖南都之恢復。明年，清兵渡錢唐，破金華，陷衢州，進逼處州。先生不能禦，退保浦城，又敗，與子鼎卿監軍孫臨被執，皆殉難，時先生年四十九。至是，吳梅村先亡其畫中九友之一。梅村詩集有七律二首，錄於左，集覽之作者註云：「尋此詩語意，友人當指楊龍友。第一首，指南渡時事。第二首十載鹽車悲道路句，指知江寧時被詹兆恆所劾。一朝天馬蹴風煙句，則指再入兵部遷副使擢巡撫也。」

讀友人舊題走馬詩於郵壁漫次其韵

數卷殘篇兩石弓。書生搖筆壯懷空。
南朝子弟誇諸將。北固軍營畏阿童。
江上化龍圖割據。國中指鹿詫成功。
可憐曹霸丹青手。銜策無人付朔風。

其二

君是黃驄最少年。驊騮凋喪使人憐。

當時只望勳名貴。　後日誰知書畫傳。
十載鹽車悲道路。　一朝天馬蹴風煙。
軍書已報韓擒虎。　夜半新林早着鞭。

先生父師孔，世稱冷然先生，董思翁其昌書其墓志，稱善劈窠大字。先生亦工書。詩，遺著有洵美堂集。邢孟貞昉評云：「紆餘以導遠，篤摯以達情，廣博曼衍，引物連類，層出無涯，源流師法，燦然可指。」史弱翁玄云：「沈濬淵遠，有正始之音。」先生嘗夜過練瀆，有詩云：「松風謖謖澗粼粼，金鎖會輝畫角新；借問水犀三十萬，何如君子六千人?」亦可謂作家也。

先生之畫，雖受教董思翁，而自負異質，不規之於師法。其下筆如風雲卷舒，神采奕奕。思翁嘗觀先生所作天臺鴈蕩圖，評之曰：「有宋人之骨力而去其結習；有元人之風雅，而無其佻癖，出入巨然惠崇之間。」釋無可亦曰：「同輩墨妙，推龍友超宗于一三人，皆以蒼秀出入古法，不倣雲間毘陵文弱之體。」無可，方密之晚年號也。又吳園次綺題先生畫云：「不見楊公二十年，畫中巖壑尚依然，當時若有扁舟在，呼出人間郭恕先。」錢牧齋謙益亦有爲長沙趙友沂而忭題先生畫册長古一篇，其詩云：

為趙友沂題楊龍友畫册

楊生倜儻權奇者。萬里驍騰渥洼馬。雙耳朝批貴竹雲。四蹄夕刷令支野。空坑師潰縉雲山。流星飛兔不可還。卽看汗血歸天上。肯餘翰墨汙人間。人間翰墨已星散。十幅流傳六丁嘆。披圖礀戶幾重掩。過眼煙嵐尙凌亂。楊生作畫師巨然。隱囊紗帽如列仙。大兒聰明添樹石。侍女窈窕皴雲烟。一昔龍蛇起平陸。奮身拚施烏鳶肉。已無丹燐并黃土。況乃牙籤與玉軸。趙郎藏弆湘帙新。摩挲看畫如寫眞。每于剩粉殘縑裏。想見刳肝化碧人。趙郎趙郎快收起。長將石壓幷手撫。莫令匣近親身劍。夜半相將作風雨。

先生爲人倜儻權奇，憐才愛士，聲氣所及，人皆重之。當南都昌平時，秦淮有名妓馬嬌，字婉容，姿首清麗，濯濯如春月之柳；灩灩如出水芙蓉。加之知音解曲，一掩一抑，皆協宮商，廓中推爲獨步。自以誤墮烟花爲恨，欲擇名士事之，未敢以身許人。及與先生相見，遂自歸之。時秣陵寓公郭聖僕天中，有二妾，一曰李陀那，一曰朱玉耶，聖僕歿後，所蓄書畫瓶硏諸玩，皆爲先生所得。玉耶亦歸先生。自是日與婉容玉耶，摩娑笑語以自娛。然歡樂極而哀情多，先生此樂未久，忽有甲申三月之變，又忽有乙酉五月之變，都下百姓，怒馬阮二姦之亡國，相聚毀其邸宅。先生亦以與馬士英有鄉戚之誼，致家被焚。疇昔笑語歡娛之場，一朝化爲瓦礫之地矣。時貴陽馮伯知鳴鑾，壯歲來南都，福王朝，當路稱其學行，累薦之朝，以與士英同宗，固辭不就。南都亡後，垂簾白下，作咏美人詩三十六絕句，哀豔幽思，寓其意之所在，君子深諒之。

先生歿後，一日與先生故人話往日舊事，愴然成詩，蓋有心之作也。詩云：

時移心易感。同爲故人嗟。衆惜風流士。天亡孝友家。
血藏應化碧。文在尙疑花。苦語何當盡。秋遲日巳斜。

至與先生同殉難之孫監軍，乃桐城兵部侍郎孫晉弟，字武功，平生舉止風流，文釆絕世。當時避兵台州，先生特迎入幕中，奏授職方主事，其訃之至桐城也，族孫晥生如蘭以一詩挽之云：

回首中原事已非。書生百戰出重圍。
壯心自許標銅柱。熱血誰知濺鐵衣。

刁斗聲殘悲夜月。　旌旗色變捲斜暉。
慚予叩馬曾無語。　空向深山賦采薇。

自後歷數十年，武功子某親至閩嶠收其父屍，幷得先生遺骨，攜之歸桐城，合葬城北楓香嶺之麓。乾隆時，姚姬傳鼐，有題先生遺墨蘭竹二首，詞意皆自此出，其一云：

江左風流染翰時。　越疆同裹故人尸。
風蘭露竹容相憶。　寒食曾無上冢兒。

邵瓜疇 彌

瓜疇居士，姓邵名彌，字僧彌，號瓜疇，江蘇長洲人，吳梅村（偉業）畫中九友之一也。平生以詩畫多與釋氏之徒遊，中峯蒼雪和尚（讀徹）虎邱道開和尚（自扃），皆其熟友。居士歿後，永曆五年辛卯浴佛後一日，道開題居士遺墨，略述其一生云：『瓜疇居士，城外陸墓人也。家世耕讀，父康衢先生，業醫，有長者風。居士弱冠罹肺疾，遂棄舉子業，而天資敏妙，習書學畫，不煩師匠，過目輒得心應手，蓋王右丞所謂「宿世詞客，前身畫師」者歟？猶記崇禎十一二年間，與雲子云治諸公，締社法水寺白公房，煙晨風夕，聚首言歡之時，居士稍以風雅相規，諸公皆斂衽退避，現聞駿公兩太史，尤相推重，偕遊南北兩都，名遂大著。寸縑尺幅，得者珍之，不啻鳳毛麟角也。後歸里，未幾竟以痼疾終，長子亦繼之下世，幼子零替無依，每與駿公言及，未嘗不憮然太息。』駿公即吳梅村，現聞太史則未詳何人。顧清朝定鼎之後，畫中九友，僅餘王烟客（時敏）、王玄照（鑑）、張爾唯（學曾）及居士四人，至是居士亦逝，後二十餘年，梅村爲撰墓志。

居士詩，蕭疏淡遠，專宗陶韋。尤善書，艸體出入大小米之間，楷書逼近虞褚兩家，圓勁多姿，墨苑稱絕。畫則規模宋元，閒冷岑寂，絕無人間烟火氣，使人一見可想其胸次。嘗自題畫後云：「畫造境無常局，用墨無常法。昔人有潑墨成畫者，又有惜墨如金者，能參透潑墨惜墨之故，方可與語畫。」一時以水墨作花木竹石，亦皆得元人古澹之氣，風致翛然。同時名宿，有題居士畫者，茲錄二三：

予不知畫，豈能評畫？然評畫者果知畫耶？此又不然，不聞乎善易者不談易，故予亦姑妄評之，以俟妄聽者。人之技，有名噪一時，過後寂然者，有生前無聞，死後叫絕者，如僧彌之畫，生前固重，死後尤重，僧彌與畫，畫與僧彌，相與在天壤之間，其人其畫，誠足並傳不朽。此亦因人之評，而予評之耳，予終無評也。藏此畫者，亦善寶之，謂予知與不知，俱無不可。　南來老人徹。

僧彌天資高邁，筆墨無畫家習氣，雖未獨得董巨正脈，若天假之以年，其造就應無限也。　中秋後三日婁水王鑑

僧彌邵子，起自閭閻，天生韶秀，弱冠遊於諸公間，俱相交歡。其畫學初本沈石天灝，有出藍之譽。尺幅小景，尤鮮潤可愛。比來往往遇之，望而知為邵子之筆，惜聞見未廣，而奄然長逝。若剪

斷東南之枝峯蔓壑，收之畫筒，胸中更有數千卷書，其所詣當不止此。昔人云，人不可以無年，予每爲斯兄致慨。　辛卯二月徐波題於天池落木庵

居士嘗爲周櫟園作結茅圖，明末淸初諸公，多有題識。季介庵沚云：「山深木性枯於石，竹引泉聲冷到扉。」季勀庵念慈云：「蕭疏岑寂，不着些子喧熱，生氣殊王。坐此中者，當得靜悟。」許有介友云：「江舟燈火之間，得觀此幀，卽欲置身其間。」紀伯紫映鍾云：「余猶及見僧彌伸紙用筆，蓋惜墨如金者也。」朱近修一是云：「危峯密樹隱花宮，驢背秋風獨聽鐘，一自乾坤兵革後，丹靑留得六朝松。」梅杓司磊云：「陰森古樹能藏寺，歷亂奇峰欲插天，獨客騎驢知賞咏，想應胸次得蕭然。」曹顧庵爾堪云：「僧彌吳中高士，窮約而死，已二十餘年。梅村先生爲志其墓，今觀其畫，筆墨間多有寒氣，宜其貧而歿也。」居士畫品人品兩具於此矣。攝山白雲先生張瑤星怡題居士秋水圖一絕云：

蒹葭秋水一船移，　自對空江玉笛吹。
好景現前誰寫得，　月痕猶識邵僧彌。

居士生而淸羸奇秀，性緩舒，有潔癖。平日所得潤資，用於搜訪金石書畫古印珍玩，此外蕭然。其

所居，題曰頤堂，一榻其中，解衣盤礴，日與藥爐茗椀相親。賓客到門，則謦咳雅步，移時始出。或與人飲，未半升即頹然就睡，座有重客，不顧也。中年自欲醫疾，檢之方書，起臥飲啖，每多禁忌，加以潔癖所致，拂拭巾履，安排几硯，纖悉有法。僮僕不耐，妻孥竊笑，亦毫不改。梅村畫中九友歌，洵如見其人矣。

風流已矣吾瓜疇。　一生迂癖爲人尤。
僮僕竊笑妻孥愁。　瘦如黃鵠閒如鷗。
煙驅墨染何曾休。

陳老蓮 洪綬

陳洪綬，字章侯，號老蓮，一曰蓮子，浙江諸暨人。國變後，號悔遲，又號弗遲，別號雲門僧、九蓮臺主等。萬曆二十七年己亥生。幼慧悟，就塾婦翁家，時婦翁方治室堊粉四壁，戒童子毋汚，先生入視良久，給童子曰：「汝不往晨食耶？」童子乃去，先生累案登其上，畫漢前將軍關羽像八九尺，自拱手立。童子至，惶懼號哭，聲聞婦翁。婦翁來，見像驚而下拜，遂以其室奉祀將軍。

長，後師事同邑劉念臺宗周，講性命之學。既而親酒狎妓，且沽畫市中，立可代錢，因隨獲隨散，放縱無所不至，或經月亦不櫛沐。或士人索畫，罄折具禮，不肯與之，而小夫估客，有置酒召妓招之者，輒無不應其請。後渡江遊錢唐，聞藍田叔瑛工寫生，請受傳染之法，田叔自以爲不逮，曰：「章侯之畫，天授也。」然先生猶以爲未足，乃就杭州府學搨取宋李龍眠公麟七十二名賢石刻，閉戶臨摹者十日，出以示人，問之，皆曰似，先生稍喜。退而復撫十日，再問之，皆曰無似處，乃大喜曰：「余數數摹之，漸變其法，以圓易方，以整歸散，至人不得辨。」又摹唐周景元昉美人圖，時改稿及於再四，猶不已，人指其所撫問曰：「此已勝原本，尙嫌嫌何爲?」先生曰：「此吾之所以不及也，吾畫一見卽好，能事尙未盡，原本至妙，視之如無佳處，正吾之所難能也。」

自此其技大進，性癖亦甚。一日，有友欲招先生與飲，期以湖上之舟。先生往而與他人之舟遇，見旨酒在席，視爲友舟，徑入上座，獨舉杯而飲。主人徐察之，知爲先生，極口稱先生之畫，先生駭然！曰：「我與子不相識！」乃拂袖去。一年，攜妾淨鬘遊揚州，賞紅葉於草河龍光寺，命淨鬘寫一枝懸之帳中，酌酒其下，指人曰：「此揚州精華也。」淨鬘姓胡氏，能畫花鳥草蟲，有妙手之名。

崇禎年間，以諸生入京師，召赴內廷，臨歷代帝王圖，因得縱觀內府書畫，畫益大進。先生晚年所作之博古牌，謂略取其意於此云。時山左崔青蚓子忠亦在京師，以善畫聞，人有南陳北崔之稱。十五年壬午，先生年已四十四，入貲爲國子監生，被命內廷供奉不拜。明年歸里後，忽有京師凶耗，因自號悔遲。混迹浮屠，縱酒狎妓，依然如故。然語及國家亡亂，輒慟哭不已。南都破，魯王監國浙東，先生仕爲待詔。及清兵來圍，清宗室固山將軍物色先生，獲之大喜，命畫。先生拒而不應，以白刃脅迫，尙不肯。將軍因以酒與婦女誘之作畫數葉，先生佯請署名，更大飲醉倒，竟抱其畫而寢。迨將軍伺之，先生已不知所在。後數年清順治九年壬辰，病卒於家年五十有四。著有寶綸堂集。先生歿後，王漁洋（士禎）見先生爲周櫟園（亮工）所畫遺蹟，以二絕句題之，先生一生，朗誦之間，感慨係之矣。

題水仙

清泠池畔梁園種。奈此生綃素影何。
更寫東阿舊時恨。芝田館外見凌波。

題湘竹

玲瓏疎影玉繽紛。比似江梅逈不羣。
特向蒼梧分一本。淚痕斑處伴湘君。

先生之畫，山水花木外，最工人物。筆法淵靜，氣局高曠，軀幹偉岸，衣紋圓勁；宛然如親太古衣冠，實出仇（英）唐（寅）之上，遠追唐宋諸家，世謂三百年來無此筆墨。故錢塘馮硯祥（文昌）詩云：

吳興公子工花草。待制丹青步絕塵。
三百年來陳待詔。調鉛殺粉繼前人。

周櫟園，先生之舊識也。滄桑後，先生在西湖孤山時，櫟園來訪，先生爲作畫冊四部贈之。櫟園大喜，以爲有夜光投前之感，自識冊後曰：『章侯之畫得之性，非積習之所能致。昔人云：「前身應畫師，」若章侯者，前身蓋大覺金仙，曾何畫師之足云？人惟知其工人物，不知其山水之精妙；人惟知其怪誕，不知其筆墨皆有來歷。頃過平陽水陸社，有見吳道子眞蹟數十幅而歸者，向予謂人言章侯杜撰，今乃知道子預做章侯，道子豈杜撰耶？』因徧示同人，乞爲題識，諸公亦皆歎賞，爰錄之。

老蓮道友之畫，布墨有法，世人往往怪之，彼方與古人坐臥，豈顧餘子之好惡乎？ 曹秋岳

老蓮人物，深得古法，不意山水亭榭，亦蒼老潤潔，可謂不讓古人。 程翼蒼

北宋閻次平，南宋張敦禮，徐改之，專借荆關入手，自脫北傖躁氣，然未有如老蓮之高曠也。

方與三

予辛卯歲于役八閩，與櫟園訂交。酒闌燈灺，抵掌談天下人物，未嘗不首推章侯。歸至錢塘，請爲相見，歡然握手，不似初相識者。爲予作畫數幅，高古奇駭，俱非耳目近玩。予珍藏篋笥，此行不虛矣。當年陸賈徒笑囊中千金，何期世無桓宣武，竟爲盜資，可勝歎哉？ 楊猶龍

予以癸未與章侯別於燕京，明年自金道隱寄郵筒，得章侯書與書畫扇面，雖意存諄戒，惟此老之書，自無雷同之語。己丑過武林，於南生魯署中見章侯寫生圖數十幅，皆雄奇凸凹。予謂吾黨當爲老遲惜其手腕，不應復作，否則恐爲龍雷鬼物所攝也。又明年，櫟園以畫册四部示予，予每見章侯之畫，卽想見章侯蓬首赤體，右手持酒杯，左手抓頭足之垢，撅口張目，以談天下古今之事。今見如是之夥，而未被龍雷收攝，當有神氣玄命護持之。予命薄，章侯一點一畫，俱歷兵火，無復存者，異日惟向生魯乞圖問櫟園乞册而已。　黃仲霖

先生之書，筆力遒勁，如其畫，亦有一種古韻。惟詩爲畫名所掩，傳世者甚寡。然王漁洋（士禛）朱竹坨（彝尊）俱稱之。周櫟園亦云：「家大人官暨陽時，得與章侯交，漸相攜遊於五洩，予時年十三，卽以筆墨受知，及辛巳予謁選，再見都門，與金道隱伍鐵山諸子結詩社，先生謬好予詩，遂成莫逆。先生有詩一卷，予爲藏之，後以歸其子。」今所見有絕句二首，詩云：

懷舊

楓溪梅雨山樓醉。　竹塢茶香佛閣眠。

清福都成今日憶。神宗皇帝太平年。

贈妓董飛仙

桃花馬上董飛仙。自擘生綃乞畫蓮。
好事日多還記得。庚申三月岳墳前。

崔青蚓 子忠

崔子忠，字道母，一名丹，別字開予，號青蚓，又號北海，山東萊陽人也。少師事同鄉先達宋繼登，與其子玫從子應亨善。後移居京師，補順天府學生員。博通五經，能詩文，尤工畫。時華亭董宗伯（其昌）乞老在家，崇禎六年癸酉復應召北上，先生遊其門，以所業請教，宗伯異之，以爲近代所未有也，其名因列復社。自此先生益自重，凡有以金帛請詩畫者，概不應。宋應亨官吏部時，囑選人以千金爲先生壽，先生投之地，笑曰：「彼知我貧，可自出囊中之裝貽我，何以選人之金汚我？同學少年，尚不識崔子忠爲何等面目之人乎？」應亨愧謝不已。平生與大興史道鄰（可法）相厚，道鄰尚家居，過先生舍，見先生方絕食，乃留所騎之馬，自徒步歸。先生牽馬至市，賣之得十數金，呼同人相與痛飲，語之曰：「此酒非盜泉之水，自史道鄰而來者也。」一日金盡，復絕食如故。國變後，其終處不可詳。錢牧齋（謙益）云：

崇禎十一年戊寅，予匏繫都城，道母因漳浦劉履丁見予。履丁寓方閣老園池，與予寓相近；疎桐古木，前臨雉堞。道母喜其蕭閒，履丁之去也，遂徙居此。晨夕與予過從者，凡兩閱月。迨予放歸，惟道母與郭宗昌送予至報國寺古松下，予笑謂詞館諸公：「公等多玉筍門生，亦有如崔郭兩生者乎？」順治三年丙戌入燕，訪問道母所在，或曰尚在，或曰已亡。既而知道母亂後依友人家，友人尚家有數口，一人之力雖不能供，而未敢出口。道母微知之，固辭求去，竟以窮餓而死云。是歲郭生避闖賊之招，入華山，今尚在，亦秦中之博雅奇士也。

先生容貌清癯，言辭簡質，望之不似今人。畫亦法古，尤工人物，常規模顧愷之、陸探微、閻立本、吳道子，唐宋以下遺蹟，未嘗入手。故所寫皆面目奇古，衣紋如鐵線，點染傅釆，與世迥異。時山陰陳老蓮，亦來京師，以畫與先生齊名，有南陳北崔之稱。先生久居都門車馬之中，蓬蒿翳然，雖凝塵滿席，而蒔花養魚，杳然與世相遺。興至則解衣盤礴，一妻二女，亦親繪事，佐先生細描渲染，相與摩娑指示爲樂。先生嘗作倪迂洗桐圖，無聲詩史詳記之云：「雲林着古衣冠，作注視貌，具逶迤寬博之概。雙鬟捧古器隨侍，亦娟好靜秀，有林下風。文石磊砢，雙桐扶疎，覽之使人神往。」蓋非先生託名倪迂以自況歟？

先生有題品茶圖云：

層疊青山萬綠齊。　敷椽書屋在溪西。

隣家分得新茶美。　擬汲清泉試品題。

先生逝後，陳老蓮亦相繼歿，朱竹垞爲二人作合傳，其贊詞曰：「予少時得洪綬畫輒驚喜，及觀予忠所作人物之怪偉略同，二子之癖亦相似。崇禎末京師號南陳北崔，有故哉！如二子者，非孔子所謂狂簡者邪？惜哉僅以其畫傳也。予友孫如銓，嘗師事子忠，謂子忠二女皆善畫，而洪綬妾胡淨鬘亦能花艸。」吳梅村偉業有題先生洗象圖七古一篇，詩云：

嗚呼顧陸不可作。世間景物都蕭索。雲臺冠劍半無存。維摩寺壁全凋落。開元名手空想像。昭陵御馬通泉鶴。燕山崔生何好奇。書畫不肯求人知。仙靈雲氣追恍惚。宓妃洛女乘龍螭。平生得意圖洗象。興來掃筆開屏障。赤罽如披洱海裝。白牙似立含元杖。當時駕幸承天門。鸞旗日月陳金根。雞鳴鐘動雙闕下。巍然不動如崑崙。崔生布衣懷紙筆。道衝騶哄金吾卒。仰見天街馴象來。歸去沈吟思十日。眼前突兀加摩娑。非山非屋非陂陀。昔聞阿難騎香象。旃檀林內頻經過。我之此圖無乃是。貝多羅樹金沙河。十丈黃塵向天闕。霜天夜踏宮牆月。芻豆支來三品料。鞭梢趨就千官謁。材大寧堪世人用。徒使低頭受羈紲。京師風俗看洗象。玉河春水流涓潔。

赤腳烏蠻縛雙帚。六街士女車塡咽。叩鼻殷成北闕雷。怒蹄捲起西山雪。圖成懸在長安市。道旁觀者呼奇絕。性癖難供勢要求。價高一任名豪奪。十餘年來人事變。碧雞金馬爭傳箭。越人善象教象兵。扶南身毒來酣戰。惜哉崔生不復見。畫圖未得開生面。若使從軍使趙佗。蒼梧城下看如練。更作昆明象戰圖。止須一匹鵝溪絹。嗟嗟崔生餓死長安陌。亂離芳草埋殘骨。一生心力付兵火。此卷猶存堪愛惜。君不見。武宗供奉徐髯仙。豹房夜直從游畋。青熊蒼兕寫奇特。至尊催賜黃金錢。只今零落同雲烟。古來畫家致身或將相。丹青慘澹誰千年。

查伊璜 繼佐

查繼佐，字伊璜，初名繼佑，應試之日誤爲佐，後遂依之，號興齋，又號東山，晚號釣叟，浙江海寧人。萬曆二十九年辛巳生，崇禎六年癸酉舉孝廉，時年三十三。國變後，魯王監國浙中，拜職方郎，與監察御史黃宗羲共勤王事，遂相與西行。渡江駐潭山時，淸兵大至，烽火遍浙西。太僕寺卿陳潛夫亦以軍同行，尚寶寺卿朱大定兵部主事吳乃武等皆來會。因相議自海寧進，欲取海鹽，入太湖，招吳中豪傑，百里之內，牛酒日至。既抵乍浦，與崇德孫奭約，正使爲內應，詎江上之軍先潰，魯王亦亡命海上。自此後，先生屢蹤跡淸兵，山住野宿，久置身四方，或變姓曰櫨，或更名曰省，又或姓名俱隱之，稱左尹。淸聖祖卽位之初，始歸里，不復與世接。康熙十六年丁巳卒，年七十有七。著有釣業詩稿、敬修堂集、落葉編、遠道編、先甲、後甲集。

先生夙有書畫雙絕之名。其書本顏魯公，參以蘇子瞻，奇逸可愛。尤工草書，愛日吟廬書畫錄評之曰：「草書於有明一代最雄，姚少師、徐天全開其漸，中葉有李西涯、徐髯仙、祝枝山，末造有王覺斯、張瑞圖、倪鴻寶、黃石齋諸公，其山林隱逸，介在明清之間者，又有傅青主及先生。」畫自黃大痴入手，作山水惟皴法太簡。晚年專寫梅花以自遣，嘗論畫曰：「畫家而不善畫，則空千古之缺處，蓋畫醒時之夢也。夢雖無理而卻有情；畫不可無理，又必不可無情，是其妙處也。故非多讀書，負上慧，能作奇夢者，不可望涯涘。」先生又工詩，所作悲壯荒涼，多亡國遺臣之概。左數首可窺一斑：

戲馬臺

中原同逐鹿。馬上欲何爲。叱咤千人廢。悲鳴絕壁馳。
羣空誰可顧。日落或聞嘶。臺畔餘芳草。徒傷不逝騅。

九里山

絕力五年盡。驚烽九里傳。分溝已失地。亡楚果由天。
樵拾青燐谷。農耕白骨田。垂成空一擲。餘恨入蒼烟。

九日飛來峰登高

九日孤筇意興遙。同人恰此共岧嶢。樹頭躡蹬初無路。湖外看江正有潮。

山志不妨添好句。　僧心亦解聽吹簫。　始知破界眞無極。　佛火寒侵夢寂寥。

與先生同時，有廣東豐順吳六奇字鑑伯一字葛如者，生具勇力，略涉書史，惟貪飲好博，家產蕩然。明末乞食吳越間，先生見而異之，相與痛飲，贈資使歸。後附永歷帝授總兵，以舟師踞南粤。及淸尙可喜下韶州，降爲嚮導，招徠旁邑，擢潮州總兵，累與鄭成功戰，頗有功。事見吳中鈕玉樵琇粵觚，天下皆奇之。後鉛山蔣心餘士銓，爲製雪中人傳奇。

金孝章 俊明

金貞孝先生，初名袞，字九章，後名俊明，字孝章，號耿庵，又號不寐道人，江蘇吳縣人也。萬曆三十年壬寅生，少從其父官寧夏，來往燕趙之間，馳騁游獵，頗以任俠自喜。及遼左漸多事，諸邊帥爭欲延之幕下，先生皆謝而不就。歸里後，始折節讀書，補縣學生，列籍復社。旁受經朱孝介之門。國變後，一日筮焦氏易林，得蠱之艮卦，歎曰：「天亦欲高吾志乎？」遂棄舉業，混迹詩人墨客之間。所居曰春草閒房，傭書自給。其友上元王元倬璜，有寄題春草閒房，蓋實錄也。

坐來春草闃閒房。門外囂塵卽異鄉。
張鷹避人唯竹徑。幼安逃海只黎牀。
披帷斯在稱名士。隱几遙看揖古皇。
自笑疎慵遺萬事。催逋猶有筆耕忙。

先生初以善畫名著吳中。兼工詩古文辭，以是四方來請者不絕，先生皆欣然應之。三吳碑版乃至僧坊酒肆之匾額亦來乞書，先生不拒，咸使滿意而去。畫，其餘事也。平生喜作木石，蕭疎有致。尤以墨梅，王冕楊无咎以外，自開門戶，寒香鐵幹，疎花冷蕊，洵出之詩人胸次，丰韻冠絕一世，世稱曰：「鄭虔三絕，耿庵兼之。」嘗自題墨梅云：

孤山鶴化應無迹，　靈谷春回亦斷香。
留得一枝寒影在，　年年憑杖領風光。

先生好繕錄經籍祕本，旁及交遊文稿，皆裝潢成冊，庋置縢鐍，珍之若珠。其年七十，徧乞知友賦生輓之詩，引陶淵明自祭文爲說。越四年，卽清康熙十四年乙卯，一日，吟詩而逝，時年七十四。著有闡幽錄、康濟譜及春草閒房詩集。學者私謚貞孝先生。遺詩中有觀槿花之作，足窺先生襟懷也。

獨居感時變，暑謝徂秋始。閒心察花木，零落一何駛。彼草間三時，蕣花乃夕死。淩晨照初旭，容光洵鮮美。姚冶姬姜美，方花猶未似。灼灼誠可憐，紛紛忽已萎。如彼蜉蝣翼，楚楚將安恃。榮衰隨旦暮，久暫豈殊理。欲息莊生言，彭殤齊曠視。庶保松筠心，修名企君子。

前數年辛亥，先生親寫陶詩寄王漁洋士禎，翌年又畫梅花贈漁洋及其兄西樵士祿，後未久，西樵先歿，先生亦捐館。先生子祖生，至京師始見漁洋，漁洋歎二人下世，愴然作詩四首，茲錄之。其維摩方丈，指西樵所居十笏堂，春草禪房，卽春草閒房也。自後漁洋特珍襲其畫，合徐昭法枋畫芝王玠右光承艸書爲其齋中三咏云。

其一

拗取銅坑玉一枝。江南春贈隴頭時。到來已是塵沙刼。賦得瑤華欲寄誰。

其二

維摩方丈幾黃昏。春草禪房日閉門。成佛生天兩何處。暗香疏影爲招魂。

其三

花時鄧尉夢無聊。十七年來似暮潮。恨不相攜風雪裏。短蓬同繫虎山橋。

其四

當年五字寫柴桑。又寄孤山世外香。一幅生綃千載意。也應配食水仙王。

史道鄰 可法

史忠正公，諱可法，字憲之，號道鄰，直隸大興籍河南祥符人也。其先以開國之功，襲錦衣衛百戶。祖應元，官至黃平知州，有惠政。嘗語子從質曰：「我家必昌！」後從質妻果夢宋文天祥入懷而生公。公生性至孝，長有文武才。應童子試，受知桐城左忠毅公光斗，忠毅待以社稷之臣。

公以忠毅歿後二載，崇禎元年戊辰登進士，授西安府推官。後入遷戶部主事，歷員外郎中。崇禎八年遷右參議。監軍江北，擊流賊張獻忠，斬獲頗多。以功擢右僉都御史，巡撫安慶池州兩道。其行軍也，身列行伍，勞苦與共，士未飽不先食；士未衣不先着，故深得士心，戰輒有功。公短小精悍，面黑齒稍露，雙眼爍爍，仰之者皆懾服。

崇禎十二年，丁外艱去任，服喪三載。除服任戶部右侍郎兼右僉都御史，後出巡撫鳳陽淮安揚州三府。汗馬所臨，寇賊聞風遁竄，江淮南北，倚以稱重。天子知其能，欲召爲兵部尚書，檢討汪偉奏曰：「有可法，淮揚以安，無可法，江南必危。請留可法以繫東南之望。」因就任拜南京兵部尚書，參贊機務。公入南都，世稱史閣部者，自此始。

十七年春，闖賊李自成逼京師，急報以四月朔日至南都，公卽檄諸鎮，欲率師入援。迨渡江抵浦口，聞北都已陷，莊烈帝殉社稷，公北向泣告，縞衣發喪，誓師長驅死賊。時南都諸大臣相會，議先立君。張愼言、呂大器、姜曰廣諸公，皆曰福王由崧，神宗之孫，序倫當立，而其行有五不可；潞王常淓，神宗之姪，且極賢明，宜立之。因移牒於公，公亦以爲然。然鳳陽總督馬士英，與逆閹餘黨阮大鋮謀，欲獨居擁戴之功，早與總兵黃得功、劉良佐、高傑、劉澤清四將牒合，擁福王至南都。是歲五月，王遂卽位，改元弘光，以明年乙酉一月爲元年。朝賀日，公見帝之爲人，退而憂形於面。時宛平詩人陳于王有詠新天子云：

玉樹歌殘跡已陳。　南朝宮殿柳色新。

福王少小風流慣。　不愛江山愛美人。

旣而廷推閣臣，定四鎭之制：公拜禮部尙書，士英兵部尙書，俱兼東閣大學士。士英仍被命總督鳳陽，恐離政權，心不能平，乃率兵入朝，欲大動朝局。公憂之，遂自請督江北四鎭之軍。及陛辭，加太子太保，改兵部尚書兼武英殿學士。士英因代公輔政，滿都士人聞之，相譁曰：「何奪我史公乎？淮揚，門戶也，京師，堂奧也。門戶有人而堂奧無人可乎？」雖然，帝方倚重士英，毫不顧。公於途祭告鳳泗二陵，上疏於朝曰：

先帝以神明之質，敬天法祖，勤政愛民，十有七年，實如一日，尙不免殉身社稷，抱恨千古；則天命之難賴，地靈之不足恃，於此可見矣。陛下踐祚之初，僅謁孝陵，哭泣盡哀，而道路皆感泣；若躬謁二陵，親見鳳、泗之地，蒿萊滿目，雞犬無聲，其嗚咽悲憤，不知如何也。伏願陛下愼終如始，處深宮廣廈，思西北諸陵之魂魄未安；享玉食大庖，思西北諸陵之麥飯不展。膺圖受籙，念先帝之躬木馭朽，何以忽遭危亡？早朝晏罷，念先帝之克勤克儉，何以卒墮大業？戰兢惕勵，片刻亦不容怠荒，二祖列宗在天之靈，將默佑陛下光啓中興之業。若晏處東南，不思遠略，賢奸莫辨，威斷不靈，則豪傑裹足不進，老成投簪而去，竊恐祖宗怨恫，天命潛移，東南一隅，亦未可保也。

時高傑黃得功兩劉良佐澤清四將，皆欲居揚州，相爭不已，公慰解之，因各就任地。是時公檢閱諸鎭之兵，多虛誇不足用，獨高傑所統四萬人，皆晉秦勁卒，欲用爲前鋒，因奏移其軍屯瓜州，公於是開府揚州。各鎮相和，維揚人心始安。既聞報，我遼東總兵吳三桂與清軍合力大破賊於京畿，李自成以身西走。公大悅，直請朝廷集兵河間，將刻期北行。

是歲六月，清廷將迎世祖奠都北京，其軍已入河南收山東。聞南都新立君，公出督師揚州，攝政睿親王欲招公來降，貽書於公，引春秋賊之未討，故君不得書葬，新君不得書卽位之義，責闖賊未平，南都立君之非，謂：「將移西向之兵，轉旆東征，南國安危在此一舉，公領袖名流，取舍從違，宜有早定！」公接書，先奏聞於朝，益勸爲自強之計。且以書答睿親王曰：「所引春秋之義，春秋列國之例耳，不可以律今日。貴國昔在先朝，夙受封號，載在盟府，今乃痛心本朝之難，驅除亂逆，可謂大義復著天下。至牛耳之盟，本朝使臣久已在道，不日抵燕，奉盤盂從事矣。本幕府亦繼之將率三軍，長驅渡河，以覆窮鼠之窟。人臣無外交，貴國卽有他命，不敢與聞。」於是清廷知公終不可屈，乃定東征之計，命睿親王弟豫親王，統其師號於天下曰：「問罪自立者。」

公去朝未幾，士英排衆議，起用阮大鋮任爲兵部侍郎，以握兵政，羣臣交章劾之，皆不聽。因之姜曰廣、高弘圖、徐石騏、劉宗周諸公，相次去位。大鋮悉引其黨，滿布於朝，朝政愈亂。先是公爲諸鎭請餉，士英尙命戶部百方應需，而大鋮以公與四鎭相協，乃士英不利，爲陰言於士英。於是公請愈急，士英愈緩，且屢降詔促公出師。公以示諸鎭，皆曰：「不能給我餉，而責我戰耶？」公頗困。

是歲十一月，淸兵已陷海州，將破宿遷。公因檄四鎭出師，高傑先奉命渡泗水，公亦建大纛於南岸，以待戰機。惟所請鎧仗芻糧皆不至。公痛憤無措，乃揮淚上疏曰：

自今年三月以來，大讐在目，不加一矢。昔晉之東遷，其君臣日圖中原，僅保江左；宋之南渡，其君臣盡力楚、蜀，僅保臨安。蓋偏安者，恢復之退步，未有志在偏安遽能自立者也。大變初，君臣灑泣，士庶悲憤痛哭，猶有朝氣。今兵驕餉絀，文恬武嬉，暮氣頓至。屢得北來諜報，皆言兵必南下，水連艨艟，陸布精兵；黃河以北，悉被淪沒。而我河上防禦，一切未就，人心不肅，威令不行。復讐之師，不及關陝；討賊之詔，不聞燕齊；晏然以不共戴天之仇，置諸膜外。遂使敵國反以僭逆加我，辱我使臣，蹂我近境，此和議之不成，斷然可見。宗社安危，實決今日。縱臥薪嘗膽，破釜沈舟，尙恐不救，況廟堂之經營，殊有未盡然者耶。

夫將之所以能克敵者，氣也。君之所以能馭將者，志也。廟堂之志奮，則行間之氣張。夏少康不忘屈竇之辱，終纘舊服；漢光武不忘爇薪之時，奄有萬邦。臣願陛下爲少康、爲光武，不願左右之臣，僅以晉元、宋高之說進也。今之計，宜速發討賊之詔，嚴責臣與四鎮，悉簡精銳，直指秦關。懸上賞以待有功，假便宜以責成功。絲綸所佈，感憤激發，四方忠義，必有投袂而起者矣。行師討賊，無急於餉，搜括既不可行，勸諭亦難爲繼。請以內庫所有，悉佐軍需，其餘不急之工程，朝夕之燕衎，一切罷之。雖云事關典禮，亦概從節省。蓋賊一日不滅，神京一日未復，縱有深宮曲房，豈可晏處？錦衣玉食，豈可安享？此時一舉一動，皆人情向背之所分，敵國窺伺之所及也。陛下必刻刻勵心，念祖宗之鴻業，報先帝之深仇；振舉朝之精神，萃四方之物力，以致選將練兵之一事，庶人心可救，天意可回耳。臣待罪行間，不宜復預朝政，然安內實攘外之本，故痛切直陳，惟陛下留心省察。

弘光元年乙酉春正月，淸軍分兩道：使沂州、濟寧之兵，自泇口渡河，略邳州、宿遷；使彰德、衞輝之兵，自孟津渡河，逼歸、徐二州。高傑因進兵歸、徐，以與河南總兵許定國爭睢州，定國僞與納好，置酒迎傑，伏兵殺之。於是傑軍大亂入城，定國遂降清。旁近二百里間，人心忽變。公聞之，流涕頓足，歎曰：「中原不可爲也！」

是夏四月，公移本營泗州，欲護祖陵。將就道，適南都有所謂僞太子事。諸臣之失職者，皆藉名於此，欲攻馬士英，遂推寧南侯左良玉檄遠近舉兵。朝廷大愕，密召公督諸軍擊之。公上言曰：「北兵日逼，請留諸鎮迎敵，臣獨親往諭良玉，與之西征。良玉不從命，擊之未晚也。」朝廷不聽。公於是兼程入援，以是月九日抵浦口，則清兵已乘虛入亳州，向邳州，徐泗告急。朝廷又命公還揚泗，公一晝夜馳至徐州，而守將李遇春已以城降敵矣。公乃退保揚州，急檄河上諸鎮來援，皆不應。惟劉肇基、乙邦才、樓廷、莊子固諸人各率所部入城。主事何剛與知府任民育等協力助公，晝夜登陴死守。

是月十五日，清豫親王率兵至城下，亦欲招公使降，使降將李遇春來說。公命副將史德威與之會，責其負國背恩。親王因更遣人齎令旨至濠邊，公曰：「吾朝廷首輔，豈肯反面事人？」遂縋下健卒二人，以來使與令旨幷投諸水。十七日，又接親王書五封，皆不啓燒之。親王乃麾軍來攻。

公知事終不可爲，十八日呼史德威入內，語當以死報國，欲使德威爲後。蓋德威，山西平陽人，不與公同宗。德威伏地泣曰：「相公爲國殺身，某亦義當共死，何敢偸生？況宗支所在，無父母命，安可爲人後？」公泣曰「吾爲我國而亡，子爲我家而存！」時總兵劉肇基等同侍公側，亦交口勸德威，德威乃泣拜受命。公於是修遺表上朝，尙作書數通，畢，囑德威曰：「我死當葬太祖高皇帝之陵側。」

遺表

敗軍之將，不可言勇；負國之臣，不可言忠。身死封疆，實有遺恨！得以骸骨歸葬鍾山之側，求太祖高皇帝鑑此心，於願足矣。乙酉四月十九日，大明罪臣史可法書。

遺書一

不肖兒可法，遺稟母親大人。兒在宦途，十有八年，諸苦備嘗，不能有益於朝廷，徒致曠遠定省；不忠不孝，何顏立天地之間？今以死殉，亦誠不足以贖罪。望母親委之天數，勿復過悲，兒在九泉，亦無所恨。副將史德威完兒後事，望母親以親孫撫之。四月十九日不肖兒可法泣書。

遺書二

可法死，前與夫人有約，當於泉下相俟也。四月十九日可法手書。

越二日，敵兵急薄城下，公發砲擊之。親王怒，親督勁卒，疾攻城之西北角，城將陷，公乃與德威訣別，舉刃自刎，參將許謹泣抱之，血濺衣袂。公仍命德威加刃，德威不忍，與謹共擁公下城，至小東門時，謹中箭死。公問：「敵之前驅爲誰？」德威謂爲豫親王，公大呼曰：「我史督師也！」衆大驚，遂執之至親王所。親王以禮待公，謂曰：「先屢以書請，而先生不肯從。今先生之忠義已成，能爲我收拾江南乎？官爵在所不惜。」公搖首曰：「我至此，惟分一死！我意已決，他命不與聞。但願城中百萬生靈，勿加殺戮。」遂慨然授命，時弘光元年四月二十五日也。年四十餘。是日劉肇基、樓廷、乙邦才、任民育、莊子固、及文武諸臣從死者甚多，城遂陷。史德威一日被執在許定國營，親王釋之，以全忠臣之後。五月七日，德威回揚州入城尋公屍，炎熱方執，胾骸塞路，腐爛不可辨，因奉公袍笏，葬城北梅花嶺下，立碑封坎而去。

揚州既陷五日，其報始至南都，舉朝不知所出。數日，帝出奔太平，又三日，南都遂潰。及閩中立朝，首贈公太師，謚忠靖。公自去年入南都督師幾一年，行不張蓋，食不重味，夏不箑，冬不裘，小冠窄衣，每與部卒爲伍，未嘗一日晏處。年過四十，尚未有子，其妻欲爲置妾，公曰：「王事方殷，敢戀兒女之私耶？」

遂無子。歲除之夜，批答文牒至三更，倦欲飲酒，使庖人索之，以殽肉已盡，更乏佐酒者對。公乃取鹽豉下酒，酒中忽追念先帝，涕泫然下，獨引滿數十杯，酒氣轉醺，不覺凭几而臥。蓋公性善飲，雖數斗未曾亂。自至軍中，乃絕飲，又不寢者，已七閱月，故有此也。夜將旦，將吏皆集轅門外，門尚未啓，公左右出語其故，知府任民育曰：「相公今夕，實不易得，切勿驚之！」且命鼓人，仍擊四鼓。須臾公寤，天已曙，大驚！聞鼓聲，怒曰：「誰犯吾軍令？」將士皆長跪曰：「相公久勞苦，是夕始見假寐，不忍相驚，故亂鼓聲者，任知府意也。」公意乃解，鼓人始赦。

清乾隆年間，詔錄勝朝殉節諸臣，先於梅花嶺修公墓，建祠其側，題曰「褒慰忠魂」，又諡忠正。乾隆二十七年癸未，鉛山蔣心餘士銓猶以編修在京師，偶於琉璃廠古肆獲公遺象一卷，手簡二通。象卷首甚敝，乃清初名匠王概所作，英靈之氣，凜凜如生。御史汪承霈來觀，勸心餘取公家書及胡獻徵、秦松齡、顧貞觀、姜兆熊、王概、顧彩諸人題跋，重裝於象之卷首。其顧彩一篇云：

銅駝昔日生荊杞。相國孤忠獨堪倚。戎馬南窺汴泗交。將軍對泣新亭裏。四郊多壘誰勤王。瑯琊失德仍昏荒。紛紛朝宁議翻案。天地變色無晶光。赤眉駸駸逼畿輔。四鎮爭權競懷怒。已報王敦據石頭。惟聞董卓營郿塢。先生亮節耿不移。煌煌赤烏身登陴。朝陳百疏灑血淚。夕誓三軍眠鐵衣。丹誠不諒終自矢。半捲紅旗鎮淮水。諸葛徒懷保蜀心。雲長願効荊州死。揚州烟花三月春。簫鼓不鳴飛戰塵。北來羽檄似流矢。南望義旗無一人。重圍月暈絕飛鳥。嚼指城樓草遺表。正氣何慚信國公。俠腸竟刎夷門老。委巷橫屍不可求。衣冠虛葬古邗溝。史臣不盡編遺恨。野老猶能識故邱。展圖慷慨披公象。風骨崚嶒氣遒上。九死張巡貌若生。鴟夷伍叟濤逾壯。廬陽太守刻遺編。忠義重伸六十年。請看誤國諸臣骨。蕩爲野草與寒烟。

公以出將入相之身，殆一生馬上，枕戈藉甲，不特未有親筆硯之暇，授命之日，年亦四十餘耳。故詞章翰墨，流傳於世者不多。開府揚州以來，奏疏數十章，皆中興大故，每循環背誦，輒嗚咽不勝，幕下之士，亦皆飲泣。乾隆末，公之裔孫史開純，輯其斷簡零墨，凡獲四卷，題曰史忠正公全集。梁溪顧光旭序之曰：「天下之感人之最深者，無如文章。公少時，受知左忠毅公；左公視學，拔公文置第一，且以爲異日能支柱天下者。左公知公雖神，而亦由公之文章，夙有慷慨磊落之氣與剛大正直之性流露於其間也。今讀公奏疏，如請出師請進取，論人才，行保舉諸篇，不啻諸葛武侯之表，陸宣公之奏議。惟一墣不可障橫流，一木不能支大廈，國命中絕，人材衰息，老臣經國苦心，抑鬱而不稍伸，天下之痛，有逾於此者乎？」一公文章之妙可知矣。

公之墨蹟，亦存世絕寡。愛日吟廬書畫錄中，有公之行書一軸，書宋黃山谷、程伊川、蘇東坡三賢書論四則。吟廬曰：「此書古媚濟華，頗似董思翁，而堅勁過之，公眞蹟中精品也。世之作僞者，多取方粗呆板之作，以欺人耳目。不知古之名臣，雖皆忠亮，而筆墨有不相同者。有心人若凝心靜氣參之，或有所遇。宋之文信國、明之方正學、楊忠愍諸公書，亦當比對參觀，以求其眞，而世之雄奇磊落者，均無當也」一

傅青主 山

先生初名眞山，字青竹，後改名山，字青主，號嗇廬，又號公之佗，別有僑山、召道人、老蘗禪、朱衣道人諸號，山西太原人。萬曆三十三年乙巳生，幼穎異，與孫忠靖公 傳庭 共學，讀書過目輒能成誦。年甫十四，提學使文太青拔之入庠。繼太青者，爲宜春袁臨侯 繼咸，亦深重先生，讀書三立書院，以文章道義相期許。臨侯嘗謂：「山文誠佳，恨未脫山林之氣耳！」崇禎九年，臨侯爲巡按御史張孫振所誣劾，被逮下獄，蓋孫振，魏閹之遺孽也。先生乃與同學曹良直，徒步走京師，伏闕訴冤，事竟得白。自是先生名聞天下，馬文忠公 世奇 爲之作傳，時謂漢裴瑜、魏邵再生也。

聞崇禎甲申之變後，先生自稱「天帝夢詰」，戴黃冠着衲衣，成道人裝，入土穴養母，不復與世相接。時袁臨侯以兵部右侍郎督兵江楚，福王元年爲清兵所虜，就死京師，途上遺詩先生，且附言曰：「不敢媿友生也。」先生見之慟曰：「嗚呼！吾亦安敢負公邪？」又平定張濟，亦以遺民不謹眠食，爲得疾死。先生往撫其屍，哭之曰：「今之世，以醇酒婦人求必死者，有幾人哉？嗚呼張生！其意原與沙揚之痛等也。」由是先生以不速死爲恨，仰視天，俯畫地，拂鬱之懷，日無所遣，唯託詩歌自憑而已，蒲州吳蓮洋雯讀先生詩而哀其志題一詩卷後云：

苦節孤生竹。　哀絃寡女絲。　感君迸淚處。　是我斷腸時。
不死翻成恨。　多愁祗益悲。　長飢忍薇蕨。　高義北堂知。

先生如此者二十餘年，時運推移，國事不可爲矣。先生乃出土穴，黃冠衲衣，以道士裝自放。雖偶與客接，或有問學者，輒斥之曰：「老夫學莊列者也，仁義禮樂，縱強言之，非其所能。」後遂卜居郡城東南七八里，名其居曰松莊。傍有寺，曰永祚寺，雙塔巍然而聳，捎雲礙日，能見於三四十里之外。秀水朱竹垞嘗作送人入晉云：「馮君尋傅叟，暇卽過松莊，」卽指塔下之屋也。平生仰給書畫及家傳岐黃術，幷賣自活。得閒輒籜衣艸履，遨遊平定祁陽之間，以事訪奇探古。嘗於平定山中失足自崖墮，僕夫皆驚，以爲必死。而先生在崖下彷徨四顧，風峪雖深，中一道通天光，下有一百二十六石柱，寂然林立，近視之乃北齊時所刻之佛典。先生爲之欣然忘痛，摩娑終日而出。其好古如此，時廣平申鳧盟涵光有懷先生之作，詩云：

曾約溪村訪釣竿。　數年設榻待君歡。
亂離苦憶良朋少。　衰病應愁遠道難。
晉國山川容白髮。　中原天地此黃冠。
幸將卷帙傳高迹。　日向晴窗展畫看。

先生子名眉，字壽髦，善養父志。每日采樵山中，置書擔上，休擔則取而讀之。一日有中州某吏部，故名士也，來訪先生，問公子何在？適有負薪而歸者，先生呼曰：「孺子不來拜客乎？」吏部頗驚。抵莫，先生使眉伴客，眉終宵滔滔談中州文獻，吏部不能答。詰朝，吏部謝先生曰：「吾甚慚郎君也！」

先生平日喜飲苦酒，自號老蘗禪，因之眉亦稱小蘗禪。其出遊時，眉載先生於車，與其子挽之。日莫投逆旅，先生則坐篝燈之下，取經、史、騷、選課兒孫，必及詰旦，使之記誦。俟其成，始行。若竟不成，怒杖之。

先生家，以世世學行，師表晉中，至先生，絕意人間，進而肆其所學，大河以北，無能窺其藩籬者。皆云：「大叩則大鳴，小叩則小鳴。」先生嘗手批集古錄，其言曰：「吾今乃知不讀此老之書，」蓋非詫辭。平生不喜歐蘇以後文，或強之，則曰：「必不得已，則吾取陳同甫而已。」詩胚胎騷楚，絕不帶氈裘之氣。其雜咏數首云：

一命眞如梗。三年不結廬。今來白水曲。借得小樓居。
長偃方牀席。時攤短佛書。高雲與疎雨。鎮日共樵漁。」
自覺非道器。于塵多所緣。如何無人處。亦復有流連。
逝水靜憑氣。高雲行不言。懸窰訪道士。坐此每忘前。」
雲破茅檐出。雞聲在籬梢。賣柴帶醉歸。一覺紅日高。
熇焞竈下歇。松柏香不消。顧瞻烟燎上。亦有春燕巢。」
神氣如傳舍。眞人無私營。天德照海日。人心消甲兵。
舞羽有何威。有苗歸虞廷。劉季稱豁達。終日憎良朋。」
委委河上梁。去水一尺強。梁柱剩河中。不愁河泥黃。
事有須相戒。末在高其行。孱鉅無擁脊。安由見所長。

濡足無所濟。　屑屑勞牽裳。　乾坤非一變。　得失不概量。
洪範列周書。　箕子心終傷。

康熙十七年，清廷詔舉博學鴻詞之士。給事中李宗孔以先生薦，先生時年七十四，固辭不可，乃稱疾，有司又不許，遂命役夫舁其牀而行。時先生子眉既先卒，兩孫代侍之，至距京師三十里，以死拒不肯入城。於是相國馮文毅公溥以下公卿，畢來迎先生，臥牀不具禮。魏果敏公象樞爲以老病上聞，詔免其試，特加中書舍人。馮公乃再詣先生處，曰：「恩命逾常格，請勉謝之。」先生不肯，馮公使賓客數輩，百方說之，又不可，乃使人舁之入宮。先生仰望午門，淚涔涔下！馮公掖之使謝，先生躓而仆地，魏公進曰：「止！止！此亦謝也。」翌日竟放而去。先生歿後，魏公有詩輓之，其結句七字，蓋公是時以先生病上聞也。

勉報徵書未受官。　籃輿歸去病將殘。
消磨歲月詩千首。　寄託身名藥一丸。
學術竟埋眞太史。　銘旌還寫老儒冠。

少微星隕今無憾。　　疏草模糊不忍看。

先生歸家後，自歎曰「今後，吾活一月不可知，一年亦不可知，其脫然無累哉？」後數年遂逝。門人殮之，仍以朱衣黃冠，蓋遵先生素志也。所著有霜紅龕集十二卷，眉詩附之。顧亭林（炎武）平生折服先生，嘗謂：「蕭然物外，天機自得者，吾不如傅青主。」至是亦哭其死，詩云：

爲問明王夢。　　何時到傅巖。　　臨風吹短笛。　　劚雪荷長鑱。

老去肱頻折。　　愁深口自緘。　　相逢江上客。　　有淚濕青衫。

先生餘事善畫，又工書。其山水，皴擦不多，而能極邱壑磊柯雲木深邃之致，絕無描頭畫角之弊，學者稱以骨力勝。間寫竹石，亦有奇氣。蓋平生浸淫書卷，直發腕下，成其蕭散飄逸之趣者。書如趙秋谷（執信）所言，爲遺民第一。上自秦漢篆隸，下及晉唐行草，無一不精。因之又工奏刀。嘗自論其書曰：「余弱冠學晉唐人楷法，皆不能肖。及獲趙松雪墨蹟，愛其圓轉流麗，稍臨之，遂能亂眞。已而自愧於心，如學正人君子，苦難近其觚稜，降而與狎邪匪人遊，日親之自不覺耳。更取顏魯公師之，又感三十年來，爲松雪所誤，俗氣尚未盡除。然醫之者，惟魯公仙壇記而已。」又曰：「學書之要，寧拙毋巧，寧醜毋媚，寧支離毋輕滑，寧眞率毋安排。」聞之者皆謂：「先生此言，豈獨言書而已哉？」信然。當時王孟津鐸以書名，先生初喜其書，及聞孟津失節，乃改學大令。罵孟津曰「惜哉！右軍之筆，爲老賊偷去也。」

李是庵 因

李因，字今生，號是庵，又號龕山女史，浙江錢塘人也。生而韶秀，父母使之習詩畫，便臻其妙。年十五六，已知名於時。海昌光祿卿葛無奇迎爲副室。無奇名徵奇，崇禎元年進士，以風裁聞。餘事亦親翰墨。其官京師也，女史隨之而行，禁邸清嚴之裏，夫婦互爲師友，日陳奇書名畫，古器唐碑，摩玩舒卷，暇輒潑墨染翰，或作山水，或描花卉禽鳥，脫手卽流傳都下。無奇偶命女史作牡丹折枝贈其友李竹嬾日華，竹嬾大喜，酬以詩，亦女史一幅清照也。詩云：

珠箔銀鉤獨坐春。拋將繡譜領花神。
脂輕粉薄重重暈。恰似崔徽自寫眞。

崇禎十六年癸未，夫婦辭京至宿遷，猝遇匪徒，女史以身障夫君，諸匪皆驚其明麗，不敢加害。無奇自此絕意仕途，琴臺花塢，風軒月榭，絲竹管絃之聲不絕，女史周旋其間，以翰墨潤色之。當是時，虞山錢牧齋謙益有栁夫人如是，雲間許譽卿有王女史修微，俱以唱隨風雅聞天下，女史與之鼎立。傖父野人，亦豔羨之以為玉臺佳話。未幾遭滄桑之變，無奇又捐館，家道俄衰，女史以一身當家，酸心折骨。其發為詩畫，每出世人爭來求，女史資以度朝夕者三十餘年。清康熙二十四年乙丑卒，年七十餘，其生蓋萬曆四十年頃也。著有竹笑吟艸及續稿。

女史之畫，以花卉勝。葛無奇嘗語人曰：「山水姬不如我，花卉我不如姬。」蓋女史於花卉，其設色之柔婉妍麗，得徐黃遺意。水墨者，蒼老靜逸，能追徐青藤陳白陽風格，絕無一點脂粉氣，洵閨秀翹楚也。嘗刻沈香作白陽象，奉之於室，可知瓣香之所存矣。魚鳥尤精宛央，游翔共集之態，皆極生動，其名因以音與鷹近，或以畫鷹為女史之擅長，至今假名覗利者甚多。尚有謂女史之畫，因名大著，幾成海昌饋遺中不可或缺之物，冒名者達四十餘人。女史為之品第高下，不及高第者，斥之勿汚門戶。然女史生前，其沾溉殘膏剩馥以營生者，數亦多矣，況死後乎？觀女史之作，宜詳鑑之。

女史之詩，亦不似尋常彤管之作。所著竹笑吟草，葛無奇序之，中有云：『是庵居西湖，資性慧敏而耽讀書，恥事鉛粉，嘗作韵語自適，余偶得其梅花詩，見有「一枝留待晚春開」之句，遂異而納之。』蓋女史之作，不獨夫君異之已也。西湖志錄其題西湖鏡閣四首入藝文志，詩云：

髻壓雙螺春事賒。釣綸來往自浮家。小橋柳色朱闌近。檻外溪光送落花。
十里湖堤面面山。却憐西子鏡臺閒。幽心擬結茅庵住。不在林間在水間。
鳴榔喧罷泊沙灘。燈影籠紗畫裏看。人靜不須重照鏡。兩山明月夜中寒。
隔樓杳靄似迷津。霜樹渾如醉後人。斜日移櫺留晚照。溪容山色未全勻。

餘姚黃太沖宗羲作女史傳，有云：「吾友朱文遠以管夫人比女史，其宦遊京師同，遭易代同，工辭章同，翰墨之流傳同，其稍不同者，可謂晚年之牢落耳。予讀趙文敏公魏國夫人墓志，頗誇其遭逢之盛，所謂入興聖宮謁皇太后，命坐賜食。天子命書千字文，勅玉工磨玉軸，送祕書監裝池收藏。而女史方抱故國黍離之感，忍三世相韓之痛，凄楚蘊結，惟與長夜佛燈相對，亡國之音，鼓吹之曲，共留天壤，而聲無哀樂，要皆靈秀之氣所結集也。」

黃梨洲 宗羲

黃梨洲先生宗羲，字太冲，號梨洲，浙江餘姚人，忠端公尊素子也。公有子五人，長卽先生，次宗炎，字晦木，其次宗會字澤望，俱有異才，世稱浙東三黃。先生以萬曆三十八年生，幼岐嶷，垂髫讀書，不事舉業。年甫十四，補諸生。嘗隨父在京邸，以父與楊漣左光斗諸公昕夕過從，先生亦悉知朝局淸濁。迨父爲逆閹羅織，詔死於獄，先生與大父事母夫人以孝，每夜讀畢，伏枕嗚咽，毫不使堂上知，蓋恐傷其心也。

崇禎元年戊辰莊烈帝卽位，先生時年十九，草疏入京訟冤，至則逆閹已伏誅。冤死逆閹之手者，概官三品，父拜太僕卿。先生乃詣闕謝恩，請誅激成天啓丙寅之黨禍者。是歲五月，得旨與閹黨曹欽程、許顯純、崔應元等會訊，先生出所袖鐵錐擊顯純，又毆應元而拔其鬚，二人俱流血滿體。獄畢，與同難諸公子弟設祭詔獄中門，以哭諸公之靈，其聲達禁中，帝爲之惻然云。先生乃懷應元鬚歸里，焚於忠端木主之前，以完其葬事，忠端之冤始白。

於是先生從父之遺命，以山陰劉蕺山宗周爲師，與吳越中響學者六十餘人約，共從蕺山遊。崇禎中葉閹黨殘餘復熾，宜興周延儒再爲相，特起馬士英爲鳳陽總督，欲爲用阮大鋮餘地，人心大動。東林耆宿錢謙益亦與相和。獨南都太學諸生，仍持淸議，與宜興陳貞慧、貴池吳應箕等謀，謂：「阮大鋮觀望南中久矣，於今不防，必生異變！」遂作南都防亂之揭文臨署名，東林子弟推顧憲成孫顧杲，其餘諸公子弟推先生爲首。大鋮聞而大銜之。

十五年壬午，先生北上入京，周延儒薦爲中書舍人，先生力辭不就。一日，於市中聞鐸聲，歎曰：「此非吉聲也，」遽束裝南歸。後果有甲申三月之變。洎南都建國，阮大鋮驟被起用，乃修揭文之怨，欲盡殺揭中署名之士。時先生憂國勢難支，欲上疏陳事，適在南都，遂與顧杲被逮。母夫人姚氏聞之，歎曰：「王章之妻，范滂之母，乃萃吾一身。」及淸兵遽至，南都又亡，先生因得間蹌踉歸家。

先是劉蕺山見南都已亡，杭州亦不守，以身殉節。先生因糾合鄉里之宗族子弟，得數百人，呼曰世忠營，與孫嘉績、熊汝霖所率江上諸軍相呼應。監國魯王，乃授先生職方主事，尋任監察御史。及江上諸軍潰，乃與職方郎查繼佐之兵合而西行，渡海駐營潭山，相議從海寧入太湖，招集豪傑。抵乍浦，清兵戒備極嚴，兵不能前，退而入四明，結塞自固。但山中之民，恐禍及己，乃潛焚其塞。先生居無所，擕子弟入剡中。

永曆三年己丑，先生年四十一，聞魯王在海上，與都御史方端士赴之，晉左副都御史。當時監國朝廷，以海水爲金湯，以舟楫爲宮殿，朝房設於御舟，諸臣相會議政。而文武多不相和，熊汝霖死於非命，錢肅樂亦以憂死。時先生母夫人尚居故里，清兵下令，凡前民遺黎，不承命者，皆逮繫其家口。先生聞之，乃陳情監國，變姓名間行歸家。是歲復被召爲兵部侍郎，馮京第副使至日本長崎乞師幕府，幕府不聽，遂歸而賦式微之章。東遷西徙，殆無寧處。所至匿名消影，潛結江湖義俠，致力監國者數年。其後竟傾頹落日狂濤之中，扈蹕諸公，亦多殉節。先生知事終不可爲，始歸里門。

未幾，先生專意著述，四方請業之士漸至。清康熙五年丁未，復與證人書院，以申其師劉蕺山之餘緒。士子駢集，常數百人。守令亦皆來會，巡撫特請先生開講。十七年戊午，詔徵博學鴻詞之士，學士葉方藹先寄詩先生，慫恿之，先生次韵答以無出山意。方藹因問先生門人陳錫嘏，錫嘏曰：「此驅先生爲謝疊山也，」事遂寢。又未幾，清廷開明史館，學士徐元文以先生薦，先生固辭不起。諸公乃請下詔浙江巡撫，就先生家鈔其所著有關史事者，悉送付史館。徐學士因延先生子黃百家門人萬斯同萬言任纂修。時先生報書徐學士且諧之曰：「昔首陽二老託孤尙父，遂得食三年薇而顏色不衰，今僕遣子從公，願以置我！」

當是時，淸聖祖表章儒術，臺閣間雖多鉅人碩德，獨以不能致先生爲憾。尙書魏象樞亦有言云：「我生平願見而不得者有三人：黃梨洲、孫夏峯奇逢、李二曲顒是也。」二十九年庚午，尙書徐乾學入侍左右，上又問遺賢而及先生，命曰：「必使一至京師，朕無以授事，若欲歸，當遣官送之。」乾學對以臣弟元文曾薦之，但彼篤老無來京意。聖祖歎息不置。

越五年，淸康熙三十四年乙亥秋卒於家，年八十六。初營生壙於父墓側，中惟置石牀，不具棺槨。子弟怪而問之，乃作葬制或問一篇，援漢趙邠卿岐、宋陳希夷摶例，身後不得違遺命，蓋身遭家國之變，心期速朽，不欲顯言也。故卒之日，子弟遵其遺命，以一被一褥殮之，不敢以棺葬。私諡曰文孝，學者又稱南雷先生。先生所居近唐謝遺塵故地南雷里，先生取以名其集。

顧先生承甲申乙酉兩變後，竭心盡力，仗張子房報韓之劍，焚張世傑存宋之香；欲揮戈返日，銜石塡海，而事竟不成。迨毒浪橫流，中原焦土，乃遯身他鄉，霜行露宿之間，見離黍油麥之秀，懷箕子亡國之悲，聞鐵馬金戈之響；破放翁中原之夢，獨惓惓故國者，茲幾經歲月矣。晚年好讀謝皐羽晞髮集，至註其冬青樹引西臺慟哭記。雖悲皐羽身世而出此，寧非自傷者歟？頹齡八十，倩人繪角巾深衣小象，自爲贊辭，具意亦可哀也。贊云：

初錮之爲黨人，繼指之爲游俠，終廁之爲儒林。其爲人也蓋三變而至今，豈其時爲之耶？抑夫人之有遐心。

先生自幼讀書至勤，十三經、二十二史及百家九流天文曆算，道藏佛經，無不研究。家藏甚富，參互錯亂，他人覓而不得見者，先生能省記之。年過六十，尙夜以繼晷，寒夜擁縕袍，置雙足土爐上，執卷危坐，餘膏及曉；暑月以麻帷蔽體，小鐙置帷外，隔光翻書，常至丙夜。其學師劉蕺山，大要屬姚江學派，而以愼獨爲宗，以實踐爲主，不妄說心性，墮入禪門。常教子弟曰：「學者必先窮經而求事實於史，經術所以經世，不求之史學，則莫證變化之理。」又以南宋以後學者，多空談性命，不論訓詁，先生曰：「解經以漢儒爲主；立身以宋學爲宗。」於是其學大行於東南，有南姚江西二曲李顒之稱。湯文正公娬亦曰：「黃先生之講學也，如大禹導水鑿山，脈絡分明，洵吾黨斗杓也。」先生生平勤於著述，年逾八十，尚屹屹不休。所著有易學象數論、授書隨筆、春秋日食歷、孟子師說、深衣考、今水經、歷代甲子考、明史案、歷書、明夷待訪錄、留書、思舊錄、二程學案、宋儒學案、元儒學案、明儒學案、海外痛哭記、日本乞師記、明文海、南雷文案、文定、文約、詩歷等書。四庫提要云：

易學象數論六卷　宗羲究心象數，一一能洞曉本末，易學象數論與胡渭易圖明辨，皆可謂於易道有功也。

明文海四百八十二卷　宗羲所閱明人集幾二千餘家，如桑悅北都、南都二賦，朱彝尊著日下舊聞時搜討之不得見，而宗羲得以之冠茲選。其他散失零落之文，賴此以傳者又不尠，一代文章之淵藪也。

先生之文，不名一家，以道兼文，以文兼道，有體有用，無所不備。生當易代之際，變故疊出，其鍛鍊於兵革，震撼於風濤，淪亡崩墜之交，叫呼迫促者，皆發而為文章。或褒譏予奪，顯微闡幽，以示聖賢中正之矩；或痛哭流涕，感動激發，以洩忠孝旁薄之氣，其力之厚，思之深，足以包舉萬有，其節之烈，氣之壯，足以睥睨千秋。豈尋常詞人，可以文章視之耶？先生之詩亦然。故定香亭筆談曰：「梨洲先生孝義著前朝，經史冠昭代，詩其餘事耳。」舉先生不寐「年少鷄鳴方就枕，老人枕上待鷄鳴，轉頭三十餘年夢，不道消磨只數聲。」二十八字，稱語極曠達。聽松廬詩話評題壁絕句「倦鉤簾幙畫沈沈，難向庸醫話病深，不信詩人容易老，一春花鳥總關心。」云：「梨洲先生，孝義肫摯，經術湛深，乃詩情婉麗乃如此，所謂老樹着花者也。」今所見有烈婦吟四章并序錄之。

卓烈婦并序

烈婦，廣陵諸生錢公穎女也。年十七，歸前指揮使卓煥，煥字文伯，其先忠貞公死遜國之難，遭族誅。公子有免難者，至宣德朝，事覺，而禁網已寬，衞戍廣寧，此煥二世祖也。至三世祖，累官指揮使，煥襲其職。及廣寧陷，徙居揚州，隨督師史可法守城，乙酉夏四月，揚州郡城將陷，前一日，烈婦曰：「城陷必被屠戮，婦女不免凌辱，何若先死？」煥止之，欲匿複壁，烈婦不可，抱三歲兒奔後園，家人追之，烈婦即抱兒躍入池而死。時煥之姑適王氏者，少寡，歸寧在家，亦躍入池。煥未字妹二人，弟三人，亦皆繼之。嗚呼！烈婦一言，未亡之人，未嫁之女，孩提之童，一時感憤激烈，相率從死，眞可慨也。吾友蕭山王自牧作傳，甚詳其事，予爲之賦詩四章。

其一

兵戈南下日爲昏。匪石寒松聚一門。痛殺懷中三歲子。也隨阿母作忠魂。

其二

無數衣冠拜馬前。獨傳閨閣動人憐。汨羅江上千年淚。洒作清池一勺泉。

其三

問我諸姑淚亂流。風塵不染免貽羞。一行玉珮歸天上。轉眼降旛出石頭。

其四

王子才華似長卿，斷腸數語寫如生。至今杜宇聲聲血。還向池頭叫月明。

先生性勁直，操持極嚴，故於交友亦否多可少。當時遺老，晦跡禪門者，久之亦或有嗣生上堂者。先生曰：「不甘異姓之臣，而反欲爲異氏之子乎？」弟澤望，晚年好佛，先生戒其不可，不少寬假。在南都時，見商邱侯朝宗方域每宴以妓侑酒，語人曰：「朝宗尊人尙在獄中，而放誕如此，吾輩不言，非益友也。」或謂朝宗不耐寂寞，先生曰：「夫人不耐寂寞，何所不至？」其嚴正概類此。然選明文海，或有謂應黜朝宗之文者，先生曰：「姚錫嘗仕元朝，元遺山終置之南冠之列，不與於元者，諒其心耳，朝宗亦如此。」乃取朝宗文入文海。乾隆碩學全謝山祖望就先生之性行，有言云：

高旦中與梨洲晦木澤望，皆稱莫逆，晦木子，石門呂莊生之寮婿也。莊生以是學道於梨洲，學醫於旦中，俱執弟子禮於梨洲尤恭。既補學官弟子員，遂棄舉子業，慕遺民之風，董蒼水之死，高隱學之出獄，莊生皆與有力焉。

然莊生平生負氣，酒後好大言，每為梨洲面折，漸不甘於心。吳孟舉與梨洲二人購同里祁氏澹生堂藏書時，莊生使客竊梨洲所取之衞湜禮記集說與王偁東都事略而去，且貽梨洲一書，直呼之曰：「某甲且絕交浙東黃氏！」梨洲弟子，聞之皆駭。旦中雖力為之調停，而梨洲不許，遂以旦中不與莊生絕為非。後作旦中墓志，乃文有微詞。於是莊生亦求所以抗梨洲者，專講朱子之學，力攻姚江學派，黃呂之非難愈烈。

呂晚村 留良

呂留良字莊生，一名光綸，字用晦，號晚村，浙江石門人也。幼聰慧絕人，及長，博學多才，下筆千言立就，光芒奪目。臨射能彎五石之弓，百發百中。天文算數兵法樂律無一不通。又善投壺、彈琴、摹印、斲硯，尤工書法。早補邑諸生，國變後，遯跡田園，與餘姚黃晦木宗炎兄弟及吳孟舉之振諸子，結詩社相唱和。嘗賦詩索同人和章，惟末句「尺布裹頭歸」無解其意者。詩云：

誰教失脚下魚磯。　心跡年年處處違。
雅集園中衣帽改。　黨人碑裏姓名非。
苟全始信談何易。　餓死今知事最微。
醒便行吟埋亦可。　無慚尺布裹頭歸。

清康熙初，學使來禾中，先生乃棄諸生服，再作詩云：「甑要不全行莫顧，簣如當易死何妨！」語同人曰：「自此我輩肩頭更重也，」遂解散詩社，歸所居南陽村，與桐鄉張考夫履祥鹽官何商隱汝霖等唱集同志編輯朱子之書，以闡明閩洛義理爲己任。下帷授徒，四方之士，負笈擔簦來學者，常數百人。其在遐陬荒裔者，設位禮拜而稱弟子。於是先生做古人自食其力之義，時提囊賣藥，遠近爭求之，乃又歎曰：「豈可使人知韓伯休耶？」蓋伯休，漢韓康字也。康身生望族，以世亂隱於賈，賣藥長安市中，不二價者三十餘年。一日，有女子就康求藥，康守價不二，女子曰：「公韓伯休乎！乃價不二？」康大愕，歎曰：「避名之難，雖女子亦呼吾名。」遂入霸陵山中。今先生行藥，殆有類此。自是親故皆謝而不往，交遊之士有造門者，支扉不納。或有以權勢來臨，亦不肯受辱。其鄉居偶書有云：

> 余迂戾無狀，屢獲罪賢豪，自知循省愆尤，兩儀充塞而硜硜之性，頑不可改。以此屏跡丘藩，復不溷里黨，冀知交待吾以所謂移之遠方終身不恥之例。愛我者，以爲浪遊未返，語言雖渺，而筆扎可通；惡我者，視以異物，置之不校，恩怨可相忘，是非不須論。江湖茫茫，使了此餘生，皆長者之賜也。城市義既不入，村中亦禮數不招，若猶以驅使相責，斷不奉命。

康熙十七年，詔天下召博學鴻詞之士，浙江首舉先生，而先生以死拒，纔免。後又數年，郡守以隱逸薦先生，先生遂剪髮着僧服，謝之曰：「如此，可以捨我矣。」而先生平生之言，每拒佛老二氏，人皆疑之，或恐滋後人口實，問於先生，先生不答。反選僧名曰可耐，字不昧，號何求老人，使人寫僧衣之像，自贊之曰：

僧乎不僧，而不得謂之僧；俗乎不俗，亦原不可概謂之俗。不參宗門，不講義錄，既科唄之茫然，亦戒律之難縛；有妻有子，吃酒吃肉。奈何衲裰領方，短髮頂禿？儒者曰是殆異端，釋者曰非吾眷屬。咦！東不到家，西不巴宿，何不袒裳以遊裸鄉？無乃下喬而入幽谷？然雖如此，請看末後一幅。豎起拂子，一喝曰咄！嘮叨個什麼？那是畫蛇添足。

先生爲僧後，築室吳興棣溪山中，顏曰風雨庵。寒溪峭壁，有竹千竿，有泉一泓，搆亭其上，題以二妙。幅巾隻杖，逍遙其間，惟四方學士，晨夕來遊而已。宛然有周濂溪吟風弄月之遺。康熙二十二年癸亥夏揭書風雨庵云：

到此庵中，屏絕禮數。病不見客，隘不留臥，經過遊觀，自來自去，送迎應對，一概求恕。久坐閒談，爾吾兩誤，可惜工夫，各有本務。知者無言，恕亦不顧，問我何爲？木雕泥塑。

先生本有咯血疾，至是病愈劇，自知不起，歎曰：「吾今始得尺布裹頭而歸，夫復何恨？惟夙欲補輯朱子近思錄、知言集二書未成，若竟不成，辜負此生耳。」於是伏枕手批目覽，猶矻矻不休。及病革，門人陳鎡等入問，勗以細心努力爲學。次呼子侄輩，諭以孝友大義而止。已而舉頭曰：「今吾鼻息間氣，有出無進！」叉手安寢而逝，實是歲八月十三日也。所著有：詩集若干卷，制義一卷。所撰有：宋詩鈔初集、唐宋大家古文集，所評有：先輩詩稿、天蓋樓偶評各若干卷。後雍正時，郴州曾靜謀叛之獄起，其辭連先生，朝廷命舉先生之遺篋，一切投諸秦火，并戮其屍。

顧先生以僻鄉一諸生，方宗社淪亡之際，欲徒手空拳挽狂瀾於既倒，知其終不可爲也，乃退而講詩書。松菊傲霜，荒雞風雨，嚴苦之節，一出至誠，一言一行，延之維持民彝，振作士氣，復邦家於子孫百年之後，亦壯矣。既有此志，故於經義，惟以成就人材爲主，不敢標榜宗旨。每謂「吾儒之道，辨別其支派脈絡，正精微而見其道理之適切，一立宗旨，必以自我爲主，互相爭奪，凡言學者，皆隨事指點，各就其識力功候之所至，或誘而進之，或折而奪之而已。」又曰：「洛閩淵源，至靖難時中絕，後曹月川、文敬軒、吳康齋、胡敬齋諸人，僅能敷述緒論，而微言不傳。獨陳白沙王陽明二人，乘斯道無人之時，以大慧餘智爲祖，改頭換面，陽儒陰釋，以朦天下耳目，尤以陽明以其才氣足以鉗錘衆愚，忽焉風靡一世。自後士之卑靡者，溺於科舉詞章之習，偶講斯道，亦如盲瞽，皆不能脫離姚江之圈套。如羅整庵困知記陳晴瀾學蔀通辨雖嘗極力攻其瑕疵，而所見尚粗。後此講學諸儒，亦無不號宗紫陽，論其精微所在，依然金溪之黑腰子耳。然斯道何由而得明耶？曰姚江之說不息，紫陽之道不著。」於是門生問：「先生亦攻姚江者乎？」輒曰：「余尊朱子有之，攻陽明則未也。凡辨道義，闡絕學，唱於天下者，苟有一人不與朱子合，當不辭闢之。蓋一人不獨姚江，姚江其尤著者耳。」先生雖不自立宗旨，然宗旨所在，固可推也。

先生嘗遊金陵，遇宣城施閏章於廣座中，閏章論學頗呶呶，先生默爾聽之而已。惟以一二言中閏章隱痛，閏章避易席而去，坐客皆驚。又在禾中與陸稼書（隴其）遇，語甚相契，稼書問出處之義，先生答之曰：「一命之士，苟存心愛物，於人必有所濟。子不誤而疑此言乎？」稼書默然而止云。又傳龍山查漢園，少負駿才，以姚江良知縱橫之學爲宗，一日與先生邂逅，相與辨論，應答甚苦。至夜分，蹶然而起，請於先生曰：「今日不聞君言，幾誤我一生，願收爲弟子。」即日棄舉子業，過南陽村，累月始歸。有人問漢園所獲如何？漢園嗟歎曰：「殆覺非復人間之世矣。」漢園，不知何人雅號。

歸恆軒　莊

東吳高士歸恆軒，初名祚明，後易名莊，字元恭，一字元功，又曰圓公，恆軒其號也。別號歸妹歸藏歸去來子鏊鉅山人，江蘇崑山人。太僕卿歸震川（有光）曾孫，處士歸文休（昌世）之子。早年入復社，博涉羣籍，崇禎十三年庚辰，以特榜被召，辭不赴。耿介特立，不與俗諧。獨與同里顧亭林（炎武）友善，世有歸奇顧怪之目。仲兄歸爾德名昭，官至同知，參史閣部（可法）維揚幕府，城破與難死，高士往收兄之遺骨而歸，亭林為作吳興行紀之詩云：

三年干戈晤鄉國。有兄不得歸塋域。高堂有母兒一人。負米百里傷哉貧。比來海虞兩月日，栽得白金可半鎰。歸來入門不暇餐。直走山下求兄棺。湖中雪滿七十峯。江山對君凝愁容。冬盡月向晦。慈親倚門待。果見兄骨歸。心悲又以喜。君向余太息。此事不足言。遙望天壽山。猶在浮雲間。

是歲清兵來攻崑山，與亭林應縣令楊永言檄起兵，事不成亡命。未幾，潛返鄉，削髮為僧，自號普明頭陀。結廬金壇里祖塋之側，非素交不納，扉破至不可闔，椅破至不可移，俱以蘆葦縛之，遂書額「結繩而治」四大字。尙撰一聯自署於門曰：

兩口寄安樂之窩，妻太聰明夫太怪。
四隣接幽冥之地，人何寥落鬼何多。

當是時，亭林尙奔走王事，遠遊四方。高士乃賦詩二首懷之，其一云：「故人別去已三年，北望鍾山信渺然，破盡萬金一身在；靑齊飄泊又幽燕。」其二：「知君已謝魯朱家，此去無煩廣柳車，城闕山河千古在，可憐不是舊京華。」亭林未還，高士遂裁書與之，有言曰：「昔柳子厚之竄於南方，恨其祖先不若馬醫夏畦之鬼，無享歲時之祭，君獨無邱墓之思乎？」直諒誠款如此，而終不復與亭林相見而卒。時年六十一。遺著曰懸弓集。亭林接訃大哭，所作哭歸高士云：

弱冠始同游，文章相砥礪。中年共墨衰，出入三江汭。悲深宗社墟，勇畫澄淸計。不獲騁良圖，斯人竟云逝。峻節冠吾儕，危言驚世俗。常爲扣角歌，不作窮途哭。生耽一壺酒，沒無半間屋。惟存孤竹心，庶比黔婁躅。太僕經鏗鏗，三吳推學者。安貧稱待詔，淸風播林野。及君復多材，儒流嗣弓冶。已矣文獻亡。蕭條玉山下。鄺生雖酒狂。亦能下齊軍。發憤吐忠義。下筆驅風雲。平生慕魯連。一矢解世紛。碧鷄竟長鳴。悲哉君不聞。

高士豪放奇逸，頗好飲，醉輒歌哭，旁若無人。詩文書畫，掩有衆長，擅艸書，尤工大字。畫則墨香紛披，筆意遒勁，書卷之氣溢楮素間。墨竹世有神品之稱。所著傳奇萬古愁一曲，宏肆瑰麗，論者謂足與離騷天問頡頏，蓋假事於古，詆當時所謂之聖主賢相，自洩滄桑之際，痛哭流涕之意者也。茲就所見高士詩揭如左三首。

詠落花

枝上黃鶯漸露身。飛英歷亂墮紅塵。將隨薜荔依山鬼。難共蘼蕪待美人。河北名園貪結子。武陵歸棹欲迷津。香車寶馬緣都盡。天與幽人一錦茵。

和詠秋興

西江南海竟揚波。中土塵沙可奈何。無復老人橋上迹。徒聞壯士隴頭歌。三更叫月離羣雁。永夜嘶風伏櫪駒。大廈再營梁木朽。深山柟樹正婆娑。

題福源寺羅漢松

福源建自梁大同。創寺之年植此松。歷千餘載寺再建。此樹不改青蔥蘢。大二十圍高難度。攫拏天際如虬龍。石根鐵幹苔斑駁。狂風動搖聲錚鏦。夜然長明燈。晨撞萬石鐘。聲光震耀生靈怪。柯葉常有白雲封。水車之役大木盡。斧斤欲加鬼不容。天王柏。上方松。昔年來遊有題詠。何況此樹六朝之遺蹤。松之名者今有報國古岱宗。彼以神京名嶽顯。此獨晦匿于震澤之濱縹渺峯。大材僻處自矜貴賞翫不辱於凡庸。大抵植物有如此。人生何必皆遭逢。嗟哉人生何必皆遭逢。

時詩豪錢牧齋吳梅村各有題高士僧服小象七絕四首。梅村所作，初言高士嗜飲，次言長於詩詞，又次言畫竹之妙，終言其工書，視爲高士之小傳可也。因錄之。

題歸玄恭僧服小像

豈是前身釋道安。遇人不着鹿皮冠。接䍦漉酒科頭坐。只作先生醉裏看。

金粟道人道者裝。玉山秋盡草堂荒。刼灰重作江南夢。一曲伊州淚萬行。

共道淇園長異材。風欺雪壓倩誰栽。道人掃向維摩壁。千尺蒼龍護講臺。

中山絕技妙空羣。智永傳家在右軍。爲寫頭陀新寺額。筆鋒蒸出墨池雲

顧亭林 炎武

顧亭林先生初名絳，後改炎武，字寧人，號石戶，江蘇崑山人，家縣下亭林鎮，又自號曰亭林，萬曆宮贊顧紹芳孫也。先生父同應有弟曰同吉，聘崑山王氏，未婚早世，王氏矢志守節，養先生於襁褓中以爲後。先生萬曆四十一年癸丑生，雙眼有重瞳，俱中白邊黑，見者異之。年十一，祖父授資治通鑑，二年卒其業。自後愈勵學，於書無所不窺，貫通經史，上下古今，負卓犖不羣之才，抱俯仰無窮之志；耿介絕俗，不與世諧。獨與里中歸恆軒莊交相厚，遊復社，世有歸奇顧怪之目。

福王即位南都之歲，先生年三十三。南都忽敗，奉母王氏避兵常熟，母語先生曰：「余雖婦人，亦受國恩，若遇變，必先死之，毋以吾爲念！」時崑山縣令楊永言發檄徵兵，先生乃與恆軒及嘉定吳其沆共起倡義。而衆寡不敵，永言以身遁，其沆死難，先生與恆軒設法出走。王氏聞之，遂絕食而卒。遺言囑先生毋事二姓。次年閩中朝廷授先生職方司郎中，自家召之，先生以母未葬，辭不赴。葬事既畢，屢欲走海上，而道梗不通。居數載，永明王永曆四年，有陷先生者，先生逃走京口，遂之金陵，初謁孝陵，誓志，時永曆八年也。於是變姓名，暫居神烈山下，後遍遊沿江一帶，觀山川形勢，四謁孝陵始歸。

時三世僕陸恩者，見先生久不歸，已投身里豪家，不復用先生命。先生初責之，反誣先生與南海義兵通謀，以爲必致之死。先生益怒，擒而數其罪，且沈之水。以是僕婿大怨先生，必欲報復，與里豪謀，以千金賄太守，藉逮先生，先生之命危矣。有客見之，乞援錢牧齋謙益，牧齋欲先生自稱門生，始許之。客知其不可，又恐事急失機，乃私書先生名刺與牧齋。先生聞而大怒，索還不得，因列揭通衢，謂非出自己意。牧齋見之，謂人曰：「何寧人之卞刻耶？」蓋先生視之，苟非其人，雖一刺之微，有可以死易者也。時故淮揚巡撫路振飛子路澤溥，僑居太湖洞庭之東山，與江蘇兵備使有舊，乃爲先生訴之兵備使，事始解。

於是先生盡鬻家產，往五謁孝陵，北行墾田於山東章邱，以謀自給，不久爲土人所奪。永曆十二年遂去遊舊畿，出山海關，歸至昌平，遍謁長陵以下烈皇諸陵，圖而記之。次年再謁諸陵，復歸江南，六謁孝陵，更東遊至會稽。次年又北上謁思陵，自太原、大同入關中，北走至榆林。是歲永明王殂於南荒，明社全亡。先生年已四十九，雙鬢將斑矣，先生有句云：「天地存肝膽，江山閱鬢華，」蓋實錄也。

先生居陝西數載，清康熙三年，與富平李天生因篤來謁思陵，作文祭之。既而往代州，墾田代北，謂曰：「馬伏波之田牧，皆自塞上立業，使吾有澤中牛羊千匹，江南不足懷也。」然皆經營其始，餘使門人掌之。五年，去至淮上。次年欲取道山東入京師，適山左文字獄起，延及吳中陳濟生所輯忠義錄，有指是書爲先生作者。株連名士達三百餘人。先生聞之，馳赴歷下，自請繫勘。在獄逾半載，李天生得報大驚，爲急告有力者，親來歷下救之，其獄方解。於是先生復入京師，五謁思陵。後獨策馬往來河北諸邊塞者十餘年。途中有寄懷江南諸友五古一篇，詩云：

自昔遘難初，城邑遭屠割。幾同趙卒坑，獨此一人活。旣偸須臾生，詎敢辭播越。十年四五遷，今復客天末。田園已侵并，書卷亦剽奪。尙虞陷微文，雉羅不自脫。却喜對山川，壯懷稍開豁。秉心在忠信，持身類迂闊。朋友多相憐，此志貫窮達。雖鄰河伯居，未肯求呴沫。出國每徒行，花時猶衣褐。以此報知交，無爲久怛惻。

康熙十六年，先生復來謁思陵，顧先生往返數千里之間，南謁孝陵，北謁思陵，至此已第六次，其眷戀故國，亦可謂切矣。自是再入陝西，始定居華陰，曰：「余徧觀四方，其慕經學、重處士、持清議者，惟有秦人耳。加之華陰綰轂關河之口，足不出戶，能見天下之人，得聞天下之事。有警則入山守險，十里不遠；若有志四方，一出關門，則有建瓴之勢。」因置田五十畝於華下，以供晨夕，常餌沙苑蒺藜，甘之，語人曰：「有此，不喫肉不啜茗可也。」苟有所餘，必別貯之，以備有事。嘗作五言一首，題曰皁帽以自狀云：

皁帽冬常著。　青山老自看。　烏搖池樹靜。　雲近嶽天寒。
濇食隨人給。　藜牀任地安。　閒來過道院。　不爲訪金丹。

先生旣負用世之才，不得一遇。乃試之耕牧，所至度地墾田，累致千金，禾穀饒足，牛羊皆飽。嘗於其居處營書院一區，盡取家藏十三經、二十一史及明朝累代實錄，插之架上，會秀水朱竹垞彝尊來訪，爲以八分題一聯云：

入則孝，出則弟，守先王之道，以待後學。
誦其詩，讀其書，友天下之士，尙論古人。

及淸朝定鼎之後，開明史館，孝感熊賜履主之，以書招先生，先生答曰：「願以一死謝公，不然，逃之世外而已。」賜履懼而止。康熙十七年戊午，詔徵天下博學鴻詞之士，當路諸公，亦爭欲致先生。先生聞之，作書與京師門人曰：「刀繩俱在，毋速我死！」嗣後雖屢有薦之者，先生皆以病辭。或謂「先生曷不聽之被薦而出，其名不益高乎？」先生笑曰：「此釣名者也。今夫婦人之失所天，從一而終，至死靡他，其心豈欲知於人哉？」終不聽。華下諸生，又請先生講學，先生曰：「近日李二曲顒惟以講學得名，幾招凶死。甚矣，名之累也。況有東林覆轍耶？」又不應。崑山徐乾學兄弟先生之甥也，困於里中時，先生賑之。及一門鼎貴，屢以書請先生南歸，爲買田置宅，而先生拒而不往。或問之，先生曰：「昔孤生飄搖風雨，今親串崛起雲霄，思歸尼父之轅，恐近白鷺之竈；我徘徊渭川，以畢餘年足矣。」康熙十八年己未春，出關觀伊洛，歷嵩少，渡河再至代北。會大饑，復還華陰。此行所至弔古慨今，發爲詩歌，皆沈雄悲壯，有杜陸兩家之遺。失題云：

長看白日下蕪城。又見孤槎海上橫。感慨河山追失計。艱難戎馬發深情。

崩車斷鏃周千畝。蔓草枯楊漢二京。今日大梁非舊國。夷門愁殺老侯嬴。

翌年庚申，先生夫人歿於崑山，寄詩輓之。隔歲而先生亦卒於華陰。先生自謂「徘徊渭川以畢餘年」一者。至是驗矣。時康熙二十一年壬戌，先生年正七十也。門人相謀，奉喪歸葬。所著有日知錄及左傳杜解補正、九經誤字、石經考、音學五書、吳韻補正、天下郡國利病書、肇域志、二十一史年表、歷代帝王宅京記、昌平山水記、山東考古錄、金石文字記、譎觚、菰中隨筆、救文格論、亭林詩文集等數十種。其高弟吳門潘次耕耒，多收輯之，序而傳世。

先生之學，以明體達用、經世濟人爲主。其說折衷朱子，所修不在外而在內，不在制度典禮，而在學問思辨。在關中時，論學曰：『諸子者，關學之餘，橫渠藍田之教，以禮爲先。孔子嘗言「博我以文，約我以禮，」劉康公亦云：「民以受天地之中而生，所謂命也，於是有動作禮儀之則以定命。」然君子爲學，舍禮何由？』少讀宋史劉贄傳：「士當以器識爲先，一號爲文人，便無足觀。」擊節感其言，自是終身不作應酬文字。以李二曲之親，請先生爲其母作傳，雖再三，先生竟謝而止。嘗告人曰：「文之不關於經術政事者，不足作也。韓文公若止於原道、諫佛骨表、平淮西碑、及張中丞傳後序諸篇，不作一切諛墓之文，豈非泰山北斗乎？」

先生歷遊南北，殆三十年，其間一日未嘗離書。所至以二騾二馬，載書相隨。或遇阨塞亭障，卽呼老兵退卒，詢問曲折。苟與平日所聞合，則回旅舍，披書勘對，或經平原大野，無足措意時，則於馬上默誦諸經注疏，偶忘，卽又發書復誦。故自國家典制，郡邑掌故，及天文儀象河漕兵農之屬，無不窮極原委。晚年益篤志六經，其著日知錄三十卷，乃舉經史子集之要，統修齊治平之綱；斂華就實，語詳義精，遂啓淸代樸學之風。常謂：「經學，卽理學也，舍經學而言理學，乃墮於禪而不自知耳！爲學之要在博學在知恥，自一身以至天下國家，皆博學之事也；自子臣弟友以至出入往來辭受取與之間，皆知恥之事也。」

先生之學，其博雖如此，無考據家穿鑿附會蔓引瑣碎之病；先生之行，其備雖如此，無縱橫家矜才逞智劍拔弩張之態。汪堯峰琬云：「經學修明者，吾得顧子亭林與李子天生。內行醇備者，吾得魏子環極與梁子曰緝。」而先生自遜，皆以名讓於交友間。嘗曰：「學究天人，確乎不拔，余不如王寅旭錫闡。讀書爲己，探賾索微，余不如楊雪臣瑀。專精三禮，卓然經師，余不如張稷若爾岐。蕭然物外，天機自得，余不如傅靑主山。堅苦力學，無師而成，余不如李中孚顒。險阻備嘗，與時屈伸，余不如路安卿澤農。博聞強記，羣書之府，余不如吳任臣志伊。文章爾雅，宅心和厚，余不如朱錫鬯彝尊。好學不倦，篤於朋友，余不如王山史弘撰。精心六書，信而好古，余不如張力臣弨。」

以是世之傳先生者，多列之儒林傳中，呼爲名儒爲碩學，爲一代樸學之開山祖，固當矣。然若論先生之志，則可謂非深知先生者。蓋先生倡義崑山，一敗塗地，崎嶇奔走，遠客異鄉；至死猶常抱子房報韓之心，蓄端木存魯之志，天仇國恥，每飯不忘。一身所至，觀山川，察形勢，力耕牧，備錢糧，一得同志之士，則起而叱咤風雲者，於茲已數十年。奈何沈幾已久，人心不奮，遂使先生有「北人飽食終日，無所用心；南人羣居終日，言不及義」之歎。於是先生亦如孟子所謂守先王之道，以待後之學者，乃移其躬親所爲，期之後人。因翻然改志，致力著述。其最闡精竭慮之作，爲日知錄一書。自序之曰：「有王者起，將見諸行事，躋斯世於古治之隆，而未敢爲近人道也。」可知先生之執筆著書，實出諸萬不獲已。又其詩如：「世事粗諳身已老，古音方奏客誰聽？」「哲士有懷多述酒，英雄無事且明農，」諸句，亦皆自此意出。不察於此，徒以其所著謂爲名儒爲碩學，與世之櫛句梳章講學說經者，同列儒林傳中，寧非大辱先生乎？

先生既非儒林傳中人，又何事詩歌文章？然先生曾許陶韋兩家詩云：『淵明蘇州，其人不惟狷介，實天下有志者也。如淵明詩「惜哉劍術踈，奇功遂不成，」蘇州詩：「秋郊細柳道，走馬一夕還！」何等感慨？何等豪宕？凡伉爽高邁之人，易與入道。夫子謂狂者進取，正此之謂耳。」惟古來讀兩家詩者，無不視爲閒適平遠，蕭簡疏澹。遂使世之澹遠之作，輒呼爲陶韋體，未有一人言其詩中有血有淚，有志望機略者也。有之，當自先生始。蓋詩，志也。有天下之志之人，始知志於天下者之詩。先生一生以國家爲志者也，故能讀兩家之詩，而察其志之所在。是以先生作詩，亦止於敍志，不遑問體之陶韋調之晉唐矣。以心血作字句，悲涼沈鬱，數十年靡懟之衷，一時噴溢筆端，使讀之者，長歎太息，老杜沈痛，放翁隱憂，無過於此。今錄先生擬唐人五言八韻，凡六首，亦言志之作也。

申包胥乞師

辰尾垂天譎。亡人甚寇兵。舟師通大別。獵火昭方城。九縣長蛇據。三關鑿齒橫。君王親草莽。徵命託宗祊。彳亍終南近。間關繞轡平。張旜非聘客。躡屩一書生。雀立庭柯暝。猿啼夜柝驚。秦車今已出。誓死必存荆。

高漸離擊筑

神州移水德。故鼎去山東。斷霓夫人劍。殘烟郭隗宮。身留烈士後。跡混市兒中。改服心彌苦。知音耳自通。沈淪餘技藝。慷慨本英雄。壯節悲遲晚。羈魂迫固窮。一吟遼海怨。再奏薊丘風。不復荊卿和。哀哉六國空。

班定遠投筆

少小平陵縣。蕭然一布衣。讀書傳父業。握管上皇畿。太乙藜初降。蘭臺露未晞。生涯憑筆札。甘旨爲慈闈。忽見天弧動。聯將電鋏揮。于闐迎轡靷。疏勒候旌旗。凍磧軍營轉。秋山奏捷飛。封侯來萬里。老見錦衣歸。

諸葛武侯渡瀘

火山横日幕。銅澗亘天徼。劖樹雲南國。交繩僰外橋。枕戈穿偪仄。帶甲上岧嶢。地汁生淫霧。流烟入斗杓。七禽依算略。一戰定蠻苗。信洽炎荒永。恩宣益部遙。深思危大業。隆眷切先朝。更有親賢表。宮廷告百寮。

祖豫州聞鷄

萬國秋聲靜。三河夜色寒。星臨沙樹白。月下戍樓殘。鼙柝行初轉。提戈夢未安。沈幾通霧表。高嚮入雲端。豈是占時運。要須振羽翰。風塵懷撫劍。天地一征鞍。失旦何年補。先鳴意獨難。函關猶未出。千里路漫漫。

陶彭澤歸里

結駟非吾願。躬耕力尚堪。咄嗟聊綰綬。去矣便投簪。望積廬山雪。行深渡口嵐。芟松初作徑。蔭柳乍成庵。甕盎連朝濁。壺觴永日酣。秋籬尋菊蕊。春篰理桑蠶。舊德陳先祖。遺書付五男。因多文義友。相與下村南。

先生翰墨，傳世極罕。近時愛[illegible]吟廬主人，以富收藏聞江浙間，而於先生遺蹟，僅獲廣各數寸之手簡二通。其言曰：「遺賢寶翰，求之[illegible]代，甚不易得。此牘字跡雖頗草率，而細按之，圓湛無匹。」列之明代諸賢之後。又云：「陶潛沒於宋，史卒稱晉徵士陶潛，蓋史臣取其以晉爲心也。以晉爲心者爲晉，則以明爲心者，亦應爲明矣。亭林先生以明爲心者也，今以其手蹟附明末，從史例也。」

石溪 髠殘

明末三大和尚之一人石溪禪師，名髠殘，字白禿，一字介邱，號石溪，別又號蕢壤石道人殘道者，湖南武陵劉氏子也。幼有夙慧，非道之書不讀。人強之婚，亦不從。失父母後，棄舉子業，欲出家。一日，爲其弟置氈巾禦寒，禪師戴之覽鏡數四，卽舉而剪碎之，幷剪其髮，徑出門而去。有同里教諭龍人儼者，雅士也，一見奇之，勸遂其志。禪師乃往投龍山三家庵剃度，時年四十。旋參訪諸方，還居桃源某庵。久之豁然大悟，再出往白門受衣鉢於浪杖人。杖人見其慧解，深器重之，遂留其地，爲牛首寺堂頭。

禪師品行筆墨，俱高於人，交識甚寡，不過林下遺逸數輩，尤與顧亭林（炎武）張瑤星善。瑤星初名鹿徵，後名怡，又改名遺，字瑤星，江蘇上元人。國變後寄身攝山僧舍，足跡不入城市，人稱白雲先生。平生躬樵汲，口不言詩書，而所著有經說有史述，苟請梓之不許，曰：「吾以了吾年耳。」其人品可知矣。禪師亦脫略一切，其山居也，閉關掩竇，一鐺一几，偃仰寂然。時出祖堂，與衆僧共處，而終日不語。獨喜吟嘯詩歌，多寄興亡之慼者。惟自少善病，一受寒濕，身臂時痛，至老飲啖不如人，飯粒入口，寥寥可數。

當疾革語大衆云：「死後焚吾骨爲灰，投之江流。」衆有疑色，更大叫曰：「不用吾命者，吾死而不與之交！」衆始從之。其歿後十餘年，有一瞽僧至燕子磯，募工升絕壁，刻石曰「石溪禪師沈骨處。」禪師生卒雖不詳，偶見左錄一詩，題曰癸卯，癸卯，乃淸康熙二年，其仙化當在是年以後也。

癸卯秋九月過幽閒精舍寫此以志其懷焉

層巒與疊壑。雲深萬木稠。驚泉飛嶺外。猿鶴靜無儔。中有幽人居。傍溪而臨流。日夕譚佳話。願隨鹿豕遊。大江天一綫。來往賈人舟。何如道人意。無欲自優遊。

禪師山水，得元人勝概，三大和尚之異彩也。所造奧境奇闢，設色淡雅，其縹緲幽染夭矯生辣處，無不引人入勝。尤以雲烟繚繞之妙，獨步古今云。程靑溪（正揆）曰：「石公善病，每以筆墨作佛事，得無礙三昧，有扛鼎移山之力。若與子久叔明馳驅藝苑，未知孰先也。殆以維摩之病，說不二法門者耶？」然不多爲人作，雖奉千金求其一筆，亦不可得。遇所欲與者，卽不請亦自贈之。是以周櫟園（亮工）特以張瑤星爲介乞畫，禪師果欣然命筆，作米家雲山，題云：

殘山剩水，是我道人家些子生計。今被櫟園老子奪角爭先，老僧祇得分爐頭半個芋子。且道那半個聾他日覿面，再與一頓。

張瑤星亦題云：

舉天下言詩，幾人發自性靈？舉天下言畫，幾人師諸天地？舉天下言禪，更幾人拋却故紙，摸着自家鼻孔也？介大師，箇中龍象，直踞祖席，然絕不作拈椎豎拂惡套。偶然遊戲濡吮，輒擅第一。

此幅自云仿米家父子，正恐米家父子有未到處，所謂不恨我不見古人，恨古人不見我耳。

張大風 風

張風，字大風，江蘇上元人，因號上元老人，又號昇州道士，時署眞香佛空四海。性幽僻，狀貌頎偉，常蓄美髯，望之如深山鍊藥之老道人。年少時，爲邑諸生，遭崇禎甲申之變，乃燒其帖括不顧。隨老家又貧，所居不過容膝，每天雨地濕，踦臥案上累日。嚴冬冰雪，亦裸脛而立，談笑移晷。妻歿不再娶，多寄食僧寮道院。與人處，渾然不露圭角。一年忽着短後之衣，佩蒯緱刀，飄然載筆北遊，先拜舊都，出盧龍上谷，周覽昌平天壽諸山。至京師時，有中貴子招先生飲，欲留幕中，置賓席，先生瞪目而起，不謝逕出，即日治裝，騎驢獨去。

先生歸家後，移居金陵。康熙元年壬寅，周櫟園亮工亦自京放歸白門，先生邀櫟園過高座寺，相聚連五六夜。聞櫟園罷官，全由讒口，慨然揮筆，畫壯士摩劍圖贈之。題云：「刀雖不利，亦復不鈍，暗地摩挲，知有極恨」後不數日，病胃癰，自題墓石小象而逝。著有雙鏡庵詩、上藥亭詩餘及楞嚴綱領。

先生詩詞，皆秀警可誦。畫本無師承，偶以己意爲之，遂臻化境，深合元人意趣。山水蕭疎澹遠、不可尋墨路，人物亦恬靜奇古，以神韻勝。櫟園所謂「秣陵畫家中，能掉臂孤行者，惟大風一人而已。」蓋非過譽。又工鐵筆，篆法之秀朗幽遠，如見其人，人皆寶之。

先生初學佛老二氏，不茹葷血者三十年。一日，有客賫松江之鱸，先生大噱曰：「此非吾家季鷹遺愛之物耶？何不食？」欣然一飽。自此復又肉食。攝山張瑤星怡與先生有兄弟之親，嘗作紀夢詩，自序之云：「予仲兄大風，死後來入夢，仰之衣冠甚偉，袖中出文，縷縷囑予，且曰：今居天上爲散仙，意甚適，新搆小屋，中供諸葛柴桑二象，仍以筆墨與諸上眞遊，快更甚也。言畢夢醒，異哉！」詩云：

與子稱同志。天懷各暢然。生當魏晉後。詩續邶鄘前。
四海留雙屐。千秋共一肩。雨花臺上月。相與踏層烟」
荷鍤來高座。相從只比隣。地荒蘭蕙少。年老弟兄親。
命酒聊驅俗。寫山緣救貧。前修凋喪後。風雅藉斯人」
忽漫歸城市。憐予更索居。幸留肝膽在。所惜往來疏。
每見僧求畫。時從客借書。何來摩詰病。恐是散花餘」

上界多官府。輸君汗漫遊。雲中新卜宅。天上舊埋憂。
筆鑄黃金象。名鐫白玉樓。英雄能辟穀。應晝漢留侯。」
欲別還相送。醒來霜氣淸。曉烟殘月影。冷露遠鐘聲。
遺藁當尋讀。新詩誰主盟。巫咸如夕降。細與說陰晴。

查二瞻 士標

查士標，字二瞻，號梅壑，萬曆四十三年乙卯生，其干支適與董思翁其昌生年同，又自號後乙卯生，安徽休寧人。後徙居揚州。家饒於財，藏周漢鼎彝及宋元名蹟頗富，翫賞之間，遂習六法。早棄舉子業，專以書畫自娛，與同里孫無逸逸汪無瑞之瑞及漸江和尚弘仁齊名，世稱黃山四老。平生不疾言，不危論，後輩筆墨，好獎勵之。以是其名益高，人益慕之。惟性疏嬾，接當路之人，甚於畏敵，獨與黃儀逋逵卓子任爾堪方寶臣張偕石諸遺老相過從，或遊江上，或探北固之勝，如不知人間有桑海之變。有貴人王某者，擁高貲自踞，人冀見而不可得，斯人乃來訪先生，禮及三顧，而先生竟不答。先生齋中有黃山松一盆，視爲日夕吟哦之友，以慰鄉思。一日子任來訪，與儀逋偕石遊其下，子任作詩云：

三十六峯削如骨，雲霞爲膚樹爲髮。捋得一鬚婆娑松，盈尺之勢盤虬龍。移入瓦盆辭鄉土。幸以無心憶儔侶。託身山巓多俯視。不謂從今依竹塢。曾記去天剛尺五。

先生淸康熙三十七年戊寅病卒揚州，年八十有四，葬西山余家橋畔。宋漫堂犖爲之立傳，序遺集行世。後百年，其族查篆僊淳觀察至揚州，訪先生墓於冷烟荒草間，植樹立碑祭之。又嘗於僧舍獲先生舊硯，自紀以詩，其友姚姬傳鼐和之，亦一佳話也。

先生之畫，初學倪高士瓚，後參以吳仲圭鎭、董思白其昌之筆法，用筆不多，而風神颯爽，氣韻荒寒，猶如其人，蓋畫中逸品也。及見王石谷翬畫，愛其技，遂延之家，請寫雲西、雲林、大癡、仲圭四家筆法，自後取資於此，所作直臻元人奥境。王麓臺原祁評之曰：「能自生處致勝，益見其天資過人處」，誠非溢美。宋漫堂亦得先生獅子林圖，喜不自勝，乃賦一詩寄先生云：

誰擅書畫場，元明兩文敏。華亭得天授，筆墨絕畦町。梅壑黃山翁，老向竹西隱。崛起藝苑中，華亭許接軫。昨夢平原帖，丰骨何遒緊。更圖獅子林，孏瓚韻未泯。祇今年八十，抵掌談元牝。興發自清夜，深杯每獨引。當其揮灑餘，卷軸如束筍。破紙及斷縑，求乞無遠近。聞君初生歲，上與華亭準。印鐫後乙卯，好事供一聽。維余託同調，思君憂心慇。一官坐束縛，欲往愁斡軔。因風寄此篇，望氣等關尹。

書學米襄陽，極似董華亭，世因稱米董再世。先生嘗評程靑溪正揆書云：「書畫無二致，昔人云，既得平正，更應力追奇險，青溪能得之。」此數語，又可移評先生之書也。

先生名聲既高，求書畫者雖日滿門，而疎嬾成性，平日多日晡始起，不易下筆，至家人告以罌中無粟，方臨紙也。然計一日可易數日之糧，輒又擱筆。於是生計漸落，其女二人，俱年三十左右，不能舉嫁事，客詰其故，先生曰：「幾忘之矣！」揚州清涼寺，掃葉上人遺蹟也，先生嘗一遊，題詩壁上云：

拈花久礙人天眼。　掃葉猶留解脫心。
何似無花并無葉。　千山明月一空林。

漸江 弘仁

和尙名弘仁，字漸江，人稱梅花古衲，安徽歙縣人也。俗姓江，名韜，字六奇，明末諸生。少孤貧，常以鉛槧養母。一日負米行三十里，適母死而不逮期，慟哭欲自沈練江死，不果。葬母後，不婚不宦，遂遊幔亭，就報親寺古航禪師剃度。還居新安，獨與同邑湯玄翼燕生友善，玄翼以赭山四詩著，亦詩書畫三絕高士也。和尙平生好遊覽，一年之內，必數遊黃山，嘗曰：「武夷之勝，其勝在方舟泳遊，而黃山之奇，其海市蜃樓之幻，殆過之也。」一年又往遊吳中，見溪山深秀，寫而爲圖，幷題云：

飄泊終年未有廬。　溪山瀟灑樹扶疏。　此時若遇雲林子。　結箇茅亭讀異書。

既歸新安，省母墓，且與玄翼訣別，復入深山之中，欲大講性命之學，不得如願。臨終之日，擲帽於天，大呼「我佛如來觀世音」而逝。葬披雲山下，友人爲栽梅花數十本，以從其志。梅花古衲之稱，蓋自此始。

和尙與釋石濤道濟、釋石溪髡殘稱明末三大和尙。雅善詩文，其畫始師宋人，爲僧後，遂移步趨元，尤私淑倪黃兩家，乃臻絕詣。江南人士，以有無和尙畫定雅俗，如昔人之於倪雲林也。好寫黃山松石，天眞古淡，脫盡縱橫習氣，純以氣韻取勝，與時史迥異。然平生不妄爲人作，又以早世，流傳亦稀。但新安畫家，經和尙一導先路，皆以雲林爲宗，其畫無不署清閟署古衲，故張浦山庚教學者識別之方云：「嘗見漸師眞蹟，層巒陡壑，峻偉沈厚，非世之疎林枯樹，自謂倪高士梅花古衲者可比。」亦鑑賞者應知之事也。

石濤 道濟

釋道濟，一名原濟，字石濤，一字阿長，號大滌子，別號淸湘老人、苦瓜和尚、瞎尊者，宗室楚藩之後也。國變後，早託身佛門，行道超峻，吐屬不凡，自刻印曰「搜盡奇峯爲畫艸」。任飛錫所之，獨往獨來，嘯傲人天，頗具豪徒俠客之概。淸順治八年辛卯，飄然自廬山來常熟，致蕭伯玉（士瑋）書於錢牧齋（謙益）而去，牧齋以十二絕句送之。其一云：「兵塵不上七條衣，刀劍輪邊錫杖飛，五老栖賢應有喜，昆明刧外一僧歸。」晚年遊江淮間，在揚州火滌堂最久。著論畫一卷，詞義玄妙，全自經典中出。

康熙二十二年，和尚作喬松圖，高古蒼潤，松下着一翁杖笻盤桓，狀如神仙，題云：「尋僧入秋寺，明月彈素琴；空翠滴人裙，涼風生暮林。」且識之云：「癸亥三月遊天台山，偶見一松，孤高挺秀，迥出尋常，因戲圖是幅，幷着大滌子於其間，不亦快耶？」三十四年乙亥，又遊武陵，歸而放舟江上，歌詩三首。詩云：

棹歌江上不揚波。　雲裏翩翩一鴈過。

客況難禁思故舊。　如何烟樹漲村多。」
落落江湖一散臣。　蕭然放艇學漁人。
隨波欲覓桃花瓣。　不信塵埃亦有春。」
武陵溪口燦如霞。　一棹尋之興更賒。
歸向吾廬情不已。　筆含春雨寫桃花。

「誰將一石春前酒，漫灑孤山雨後墳？」此和尚生前自題墓門圖之句也。和尚歿後，門人甘泉高西唐翔，獨敦恩誼，每掃其墓，江都閔廉風華所作「可憐一石春前酒，剩有詩人過墓門。」卽詠此事。廉風後過和尚故居，有詩二首，第二首結句自註云：「費此度密嘗在此地五十年，尚未得歸，憶先壟在四川成都新繁縣，自作繁川春遠圖，指爲和尚洗硯，設色其圖也。」

僧帽儒衣老畫師。　蕭然危坐此樓時。
澤蘭叢叢瀟湘竹。　迅掃霜毫憶楚詞。」
一帶頹垣擁樹根。　阿誰曾識舊濤門。

至今門外春流色。　猶染當年浴硯痕。

和尚原善書，尤工秦篆漢隸。時王烟客時敏亦以分隸名，獨心服和尚書，謂「大江之南，無出其右者。」然世之所以稱三大和尚者，當不在書不在詩，而在六法之一事。和尚之畫，自山水人物至竹石梅蘭，筆意縱恣，睥睨古今，橫溢矩矱，一落筆則與古人相合。故王麓臺原祁云：「海內丹青家吾雖未能盡識，而在大江以南，當推石濤爲第一，予與石谷皆有所不逮。」和尚之畫品以定。或以和尚之畫比石溪，謂：「石溪沈著痛快，以謹嚴勝；石濤排奡縱橫，以奔放勝，眞一時瑜亮，後無來者。」或又比之石谷南田，云：「淸湘本領，秀而密，實而空，幽而不怪，澹而多姿；蓋石谷南田，雖皆稱勁敵，然石谷能負重，南田能舉輕，其負重而又能舉輕者，其淸湘老人乎？」

乾隆時鄭板橋燮專精蘭竹，嘗曰：『石濤之畫竹，如野戰，似無紀律，而紀律自在其中。予時作大幅，極力仿之，橫塗豎抹，要尙在法中，未能一筆踰於法外，甚矣石公之不可及也。魯男子有言曰：「唯柳下惠則可也，我則不可也。」予於石公，亦然。』

板橋又云：「石濤畫法，千變萬化，蒼古離奇，又能細秀妥貼，比之八大山人，有過之無不及。然八大名滿天下，石濤名不出吾揚州何耶？八大純用減筆，石濤微有葺爾之處。且八大無二名，人記之易，石濤曰淸湘道人，曰苦瓜和尚，曰大滌子，曰瞎尊者，別號太多，却亂人記識。八大只是八大，板橋亦只是板橋，吾不能從石公。」然和尚署款，尚有極，若極，阿長，元濟，老俠，粵山，贊之十世孫阿長，零丁老人，殆有隨所見而殊名之觀，可謂奇癖矣。

　　和尚之奇尚不止此，兼工壘石，又奇也。由來揚州以園亭勝，園亭以壘石勝。余氏萬石園，全成於和尚之手，今猶以壘石見稱云。

呂半隱 潛

呂潛，字孔昭，號半隱，一號石山農，四川遂寧人，呂文肅公大器長子也。以崇禎十六年癸未進士，授行人，居未數月，卽有甲申之變。自此崎嶇閩關，經齊魯下江南，賣書畫爲活者，四十餘年。初寓泰州，屢遊宮紫陽偉鏐春雨草堂，與姜如須梁公狄諸公唱和，世傳一代韻事。後久居吳興。及母歿，乃扶櫬歸蜀。著有懷歸草堂、守閒軒、課耕樓三集。

先生性曠達，篤孝友，一生以父志爲心，誓死不事二姓。嘗作志感詩，有句云：「多難惟存骨，居貧不墮名。」可以見先生氣節也。大興史赤豹可程，閣部史可法弟也，與先生同年登第，相交甚厚，京師之變，欲殉國未果，歸見閣部，閣部大怒，使請於朝待罪。迨揚州旣陷，先生來遊邗江，懷赤豹獨棲蕭寺，賦詩寄之。詩云：

飛鳥不知處。孤城生莫雲。吟邊誰最苦。鐘畔爾先聞。
月冷空王閣。風號故相墳。蜀岡有歸路。吾亦戀斜曛。

先生書畫俱有名。書、神氣淸朗，以行草勝。畫、尤工花卉，用筆放縱，而能不越矩矱。詩長近體，其望江云：「橫江閣外數帆檣，立盡西風鬢漸霜；只有鄉心不東去，早隨烟月上瞿塘。」王漁洋（士禎）取爲絕調。朱竹垞明詩綜亦有數首，茲錄三四。

成都雜感（二首）

陸海塵飛井絡昏。錦城茅屋類江村。摩娑但有支機石。尙共銅駝臥草根。

繁華閨閣重詩書。賦就朋箋錦不如。萬里橋頭凝望眼。枇杷花下更誰居。

送友蒼大師

瓢笠歎無定。名山久待公。雪殘春路滑。雲過晚江空。

道力馴巖虎。鄉心折塞鴻。還憎多慧業。詩句滿南中。

秋水園卽事

近午過重溪。亭空春草齊。幾家園市小。一寺背山低。

花隱漁人路。香留燕子泥。前賢遺澤在。五夜尙聞鷄。

侯朝宗 方域

侯雪苑先生，名方域，字朝宗，號雪苑，河南商邱人，故太常卿侯執蒲孫，戶部尚書侯恂子也。天啓崇禎之交，逆閹竊柄，日戕害善類，一時才俊雄傑，雖不在位，而奮然唱清議於南都者，即先生與桐城方密之以智如臯冒辟疆襄宜興陳定生貞慧四人。世稱明季四公子。四公子皆出身公卿，負異才，折節讀書，廣交天下之士，其名早聞四方。

先生萬曆四十六年戊午生，少從父宦遊京師，後事倪文正公元璐爲弟子，習知中朝之事，尤熟悉君子小人始終之故。性豪邁不拘，夙有救濟天下之志，嘗獨歎曰：「天下將亂，所見公卿大夫無一人足佐中興者，其殆不可救乎？」崇禎十二年己卯，遂遊南都。一日，與吳縣楊維斗廷樞華亭夏彝仲允彝醉登金山，臨江論當時人物，悲歌慷慨，有江底魚龍出水而聽之概。

時南都國子司業爲山陰周文節公鳳翔，先生以太學生受其知，司業嘗躬訪先生於寄寓，痛飲而去。先生欲答禮，往拜謁，時司業以相對之禮待之，不敢使居弟子。時太學生與司業，懸隔殊甚，聞者皆驚，爭與先生遊。先生與四公子中陳定生，復社領袖吳次尾應箕相得，交誼尤厚。

當時逆閹殘黨阮大鋮，屏居金陵已久，清流之士，皆斥不與通。及大鋮欲謀再用，定生次尾二人草所謂「留都防亂」之揭，唱諸名士間。大鋮益媿且恚，然無可如何也。惟知先生與二人相善，以為藉先生得交陳吳，事自可止。因頻與先生結歡，迨先生覺，亦謝絕往來。

大鋮素以工詞曲聞，家養優伶一部，每歌所作燕子箋，世稱阮家伶。會四方名士，皆應試集都下，先生與之置酒高會，遣使徵阮家伶。大鋮心喜，立遣伶行，別使家奴往觀其狀。始也，伶每度曲，四座稱善。家奴走告大鋮，大鋮益喜。已而諸名士抗聲論天下事，語稍及大鋮，輒至戟手詈罵。大鋮大怒，尤恨先生與陳吳二人刺骨。甲申福王即位南都，大鋮驟被起用，乃欲興大獄，盡殺諸名士，於是次尾先乘間亡命，先生以詩送之燕子磯。時甲申九月也。明年南都亡後，次尾起兵池州以抗清兵，兵潰就擒，不屈就刑，烈矣！先生燕子磯送行之詩云：

不盡登臨地。　依然燕子磯。　波心懸帝闕。　帆影動江暉。
擊楫乘風志。　行吟紉芰衣。　相憐分手處。　轉恐再遊稀。

先生亦一時逃蘇松巡撫張鳳翔邸。後潛渡京口，投閣部史可法揚州幕府，暫參總兵高傑軍事，相與北行，及至睢陽，傑爲許定國所殺，復還依史可法。未幾，淸豫親王率大兵來攻揚州，將陷，可法語先生曰：「可法任兼將相，義當死，子書生也，當他去。若見司徒公，幸爲吾謝之，生平知己，今庶無愧。」司徒公、指先生父侯恂也。蓋崇禎初，史可法尙居戶部郎時，侯恂爲戶部尙書，拔擢可法、可楷、倪家慶三郎官。嘗語人曰：「三郎官皆君子，然史君功名，後日當過我輩。」可法以爲生平知己，至是仍以此爲言。先生遂歸里門，卜居村西，曰村西草堂，其歌云：

村西草堂歌

村西尙存五畝宮。歸來何不葺高墉。脫冠自執白木柄。落日平原伐短菘。斬根整齊覆垣墻。蓬門頗有五柳風。隔歲陰蟄土始牢。凊霜凍草發煙紅。稚子餽我蒼精飯。飽暖亦與廣廈同。君不見東隣老翁頓胸哭。至今野處恩茅屋。少年曾居三重堂。咸陽一舉歸平谷。旄頭照地二十秋。萬家舊址生苜蓿。玉華妖鼠竄古瓦。朱簾畫棟胡爲者。行人夜過鍾山下。但見雙門立石馬。

次尾亡命後，翌日陳定生竟被捕下獄，先生捐數千金救之，其獄遂解。而先生無德色，定生亦不屑屑爲謝，人稱其古道也。是時定生亦歸宜興，隱居不出，先生寄詩三首以相期，詩云：

寄陳子山中三首（自註云陽羨陳貞慧也）

逸民歌康衢。安業在耕作。溟涬適萬物。細海非所泝。沛碭起風雲。日月迷秦樹。綺里蓬蒿人。愧與蕭曹伍。

徒步歸故丘。時清容吾嬾。恤緯信迂懷。大業自微管。長嘯澹夕陽。欣與牧豎伴。寧戚誤叩角。高車坐累卵。我昔躭墳史。蹇翁窮幽探。伊人秋水曲。從之在中潭。

悲風從天來。桑榆催短顥。烈士重暮年。收之正復好。種我彭澤田。八口有餘稻。富貴如時序。戌功不自保。願言寄遐心。平楚爲三島。

先生末年，風塵漸收，屢來江南與遺老遊。清順治十一年甲午卒於家，年僅三十有七。較陳定生小九歲，而先卒二年。著有壯悔堂文集、四憶堂詩集。先生歿後，太倉吳梅村（偉業）自朝南還，途過大梁之墟，有懷古七律之作，其落句兼弔先生云：「死生總負侯嬴諾，欲滴椒漿淚滿樽，」自註云：「朝宗貽予書，約終隱不出，予爲世所逼，有負夙諾，故及。」蓋梅村甲申官於南都，知天下將有變，早謝病歸。乙酉後，角巾野服，泛舟吳越之間，自號梅村老人。與先生相約，誓死不出，時先生贈梅村詩云：

寄吳詹事

曾憶掛冠吳市去。　此風千載號梅村。　好酬社日田家酒。　莫負瓜時郭外園。
海訊東來雲漠漠。　江楓晚落葉翻翻。　少年學士今白首。　珍重侯嬴贈一言。

先生雖負才名，早以明經舉於鄉，而試輒不利。無聊之餘，頗耽聲妓，既而又自悔，發奮如故，專修詩古文辭，詩追步杜甫，文則出入韓歐兩家，遂以文著。所作矯變不測，如健鶻擊空，鯨魚赴壑，使人目眩魂驚。及寧都魏叔子（禧）出，與之並稱侯魏。先生最長敍事，叔子則以議論勝云。而先生文中最精采之作，當推在督師史可法幕府時，爲可法答淸攝政睿親王一書，此書久不傳世，方乾隆帝閱親王傳，見親王致書，未有可法回札，乃命史官以內庫中所存原擋補入。法時帆（式善）語禮親王（昭槤）曰：「親王所致書，實出李舒章捉刀，史督師所答，乃侯朝宗之作。二公俱當時文章巨手，故致書察時明理，答書義正辭嚴，匪特頡頏一時，洵足並傳千古。」

李舒章名雯，江蘇華亭人，少與陳臥子（子龍）齊名，世稱陳李，俱先生至友也。崇禎末，舒章父逢申官京師，被遣戍，舒章至闕下，上書陳冤，既而遭甲申之變，道梗不能歸。順治元年，清廷授舒章中書舍人，一時詔誥皆出其手。後乞暇歸，途訪淮安寓公萬年少（壽祺），年少以僧服相見，舒章望之而泣，謂曰：「李陵之罪，實通于天！」未幾，鬱鬱病卒。先生有詩哀辭九章，感所知倪（元璐）史（可法）諸公九人而作者也。末一首系舒章。自序云：「舒章以雄才終卑官，更傷其志有難言者，因附諸末，蓋亦少陵哀鄭台州之意耳。」詩云：

哀辭九章之一　中書舍人華亭李公雯

人生感遭逢。何止參與商。故人悲素絲。黑白不相妨。食魚必魴鯉。娶妻必姬姜。請聽蒿里曲。薦哀君子堂。（李公嘗自題其居曰君子堂）李公起雲間。文賦久擅場。摛藻風雲變。探源崑崙長。天才紛艷發。弱冠郎老蒼。海內傳一字。珍重若珪璋。眷言千秋業。尤在百行臧。雅志託皎日。變態矢秋霜。自矜隴西姓。門閥無敢望。一歎少卿辱。再笑太白狂。天路九萬里。長駕有驌驦。朝發宛城野。暮宿金臺廂。壯士重遠到。伏櫪未嘗忘。豈知蹉跎久。白首終爲郎。秋月照粉署。殊非舊明光。仰視天漢星。淚下不成行。我今朱顏醜。何以歸故鄉。鬱陶發病死。誰當諒舒章。（李公字舒章）

先生詩，專宗少陵，殫心討究，垂二十年。其言曰：「杜甫、唐三百年一人也。孔子删詩以後，詩之源流在此，今之尊杜者，非眞知杜甫，惟習於耳而已。」先生所作，各體皆備，有疏宕者，有莊嚴者，有清新者，亦有典奧者。方之錢謙益吳偉業王士禎朱彝尊四家，誠未多讓。然其名多爲文掩，如漁洋許之云：「近日論古文者，率推侯朝宗第一，遠近無異辭，其不工於詩，猶宋蘇老泉陳龍川之流，未足爲朝宗憾也。」蓋漁洋亦眩惑先生文章，未深究其詩者歟。南都亡後七載壬辰秋，先生復遊江南，有過江秋詠七律八首之作，鄉友賈靜子開宗練石林貞吉諸子合辭許之云：「方之少陵秋興八首，果有分別否？讀者須放開眼光，勿謂今人必不逮古人也。」詩云：

過江秋詠　其一

北固濤聲湧帝京。南徐秋色滿江城。潮連雨霽芙蓉濕。日落晴帆燕雀輕。
豈可新亭終有恨。從來故國總關情。憐舟更奏清商曲。不管霜華旅鬢生。

其二

秋原落日照姑蘇。爲問西施更有無。一自上流收錦纜。幾回遷客弔吳趨。

多情橘柚垂朱實。失意蒹葭冷玉鳧。最苦繁華同逝水。生公石蘚不曾枯。

其三

檇李雄藩枕大瀆。乘潮東望氣氤氳。鴛鴦湖外吳楓盡。煙雨樓中越岫分。
紐練一時俱織錦。樓船何日更盛軍。自來烏喙傷心地。莫使朝京相國聞。

其四

錢塘江口問仙槎。帶粵襟閩一線斜。秋淼天河搖日月。水深宮殿守龍蛇。
誰沈漢使千金璧。更射潮聲萬里沙。南極不妨爲北斗。漫開老眼望京華。

其五

建業平分眇眇愁。客心日夜大江流。鐘聲先到臨湖殿。暝色偏深結綺樓。
龍虎脉從淮泗合。鎬豐都爲子孫留。三秋遙想埋弓處。不信鍾山王氣收。

其六

粉紅江上水晶寒。高並南甌象緯看。極島風雲通蜃市。中洋花茜領番官。

人家近日秋仍沸。　曆數乘桴漢有瀾。　底事閒愁緣小物。　荔枝無路到長安。

其七

新開嶺道已經年。　幷建三藩海盡邊。　西望梧雲邀翠輦。　南來桂管入蠻烟。
淸猿頻下孤妃淚。　舞象如聞大樂縣。　誰向宸遊傳往事。　至今秋月照虞淵。

其八

武昌高枕控三湘。　何事虛無託鬼方。　昨夜楚王雲入夢。　多時屈子芰爲裳。
洞庭落葉秋逾白。　鮫室空靑晚更蒼。　鴻雁一聲天際下。　岳陽盡處是衡陽。

秦淮，金陵歌舞之鄉也。媚香樓名妓李貞麗者，夙與陳定生善。性豪俠負氣，嘗輸於賭，一夜盡千金不爲意。養女李香姬，亦俠而慧，年甫十三，學歌於吳人周如松，諸種傳奇，皆能得其音節。尤工琵琶詞，惟不輕發。爲人風調俊爽，以身軀短小，人諢名曰香扇墜。余澹心懷嘗贈詩云：「生小傾城是李香，懷中婀娜袖中藏；緣何十二巫峯女，夢裏偏來見楚王？」魏于一學濂爲書於粉壁，楊龍友文驄又於左側寫崇蘭奇石，觀者皆稱三絕。由是香姬之名，大噪南曲，四方才人，爭以一面爲榮。

崇禎十五年壬午，先生年正二十有五，先輩張天如溥夏彝仲允彝漸以香姬之美說先生。時先生累躓南闈，鬱懷無所遣，始訪香姬於媚香樓，姬嘗請先生作詩，而自歌以償之。既而阮大鋮食客王將軍日載酒與先生遊，香姬曰：「王將軍貧，非能結客者，公子盍叩之？」先生因三問將軍，將軍乃屏人述大鋮意。姬私語先生曰：「今阮大鋮爲淸流所不容，以宜興陳君貴池吳君實首其事，不得已，欲假公子解之耳。妾每聞諸假母，陳君爲人富義，吳君亦錚錚君子，二君俱與公子善，以公子世望，何可以阮公負其至交？」先生大呼稱善，遂酣醉而臥，王將軍見之，怏怏而去，後不復通。

未幾，先生之逃難將去也，香姬爲置酒桃葉渡，歌琵琶詞送之。語先生曰：「公子才名文藻，本不讓蔡中郎。惟中郎有學無行，今琵琶所傳詞固妄，而嘗妮董卓，不可掩也。公子豪邁不羈，失意而去，自此妾與公子，相見無期，願終身自愛，無忘妾所歌琵琶辭也。妾亦不再歌。」

先生既去，故巡撫田仰恃其勢位，以三百金欲一見姬，姬固斥之，獨歎曰：「田公何異阮公？妾向所言於侯公子者何事？今乃利田公金赴之，則妾賣公子者也。」竟不往。康熙間國子監博士孔尙任，博學精音律，嘗以云亭山人之名，譜先生與香姬事，曰桃花扇傳奇，繫以南都興亡之跡，蓋名作也。

范仲闇 文光

公諱文光，字仲闇，號兩石，四川內江人。天啓初擧於鄉，崇禎中，經工部主事，至南京戶部員外郎中，乞閒歸里。甲申之歲，北都已陷，逆賊張獻忠來據成都，境內大亂，公起而唱聚義兵，奉鎭國將軍朱平欙爲蜀王，以參將曹勛爲總兵，公乃以副使監軍。明年與參將黎神武共攻雅州，不利。適聞賊監司郝孟旋謀反正，公密遣使約之，孟旋遂襲而殺賊，以城來歸。永曆二年，與茂州同知詹天顏同任監撫，天顏經略川北，公經略川南。

先是故大學士王應熊罷官居其鄉巴縣，及福王即位，改任兵部尙書，自家起視師。未幾南都亦亡，閩中朝廷詔應熊曰：「朕以臣民愛戴，繼統危微，賴卿等元老，如身有臂，祖宗之疆土未復，雖朕躬有罪，亦耆輔深羞；今卿總兵桑梓，爲謀必愼，文武擧用，一以委卿。」於是諸方勤王之師，一時皆起，忽恢復川南郡縣。張獻忠大懼，棄成都而走，途爲淸兵所殺，孫可望獨率殘卒南竄。苟文武諸臣，皆以聖旨爲心，同心協力，奉督府之命，以當敵，則巴蜀天府之國，足延明祚於既倒，豈獨待滇南瘴厲之地乎？

惜哉！諸臣之在刼後赤土，猶貪權勢，各擁甲兵，互相雄長。至巡撫李乾德怒殺楊展，督府威令，全掃地矣。

於是公遂入山中，不復視事。尋川南之地，亦復歸孫可望。永曆五年三月，淸兵大舉南征，諸臣或降或死，詹天顏亦以敗爲淸兵所執，不屈被殺。公聞之，賦詩一章，自仰藥死。淸乾隆年間，詔錄芳蹤，與詹天顏同謚忠節。

公善書，佩文齋書畫譜稱公草書有高韻。詩多不傳，明之末葉，所謂鍾譚之風盛行，公合刻鍾惺李夢陽詩，論次問世，學者多以其言爲當。顧楊用修（愼）以後，蜀中文學，首推成都費此度（密）。其詩，歌嘯淋漓，精鍊峻遠，頗爲王漁洋（士禎）所稱道，而公與之友善。此度省父移居雅州時，公嘗以詩送之，乃知公於詩，亦一作手也。詩云：

敝衣猶賸老萊斑。　負米雖歸不是還。　世到亂時都作客。　途當險處更間關。
數年草檄伸孤憤。　屢月移家近百蠻。　瓦屋峨嵋俱歷遍。　滿頭風雪當遊山。

羅飯牛 牧

羅牧，字飯牛，江西寧都人，移居南昌。爲人敦古道，重友誼，詩書畫並擅，尤以畫著。所作山水，筆意靈秀，折衷董源黃公望兩家，江淮人恆喜倣之，世稱江西派。晚年多寫樹石，亦古勁蕭疎，削繁爲簡，頗得元人枯淡之趣。書長於楷體，行草近董思翁其昌。生平好飲，又愛茶，茶多手製，以頒餘香同好爲娛。卒時年八十餘。

據張浦山庚畫徵錄：先生最與徐徵君世溥善。徵君有贈先生詩云「彩筆常懸夢裏思，十年古道見鬚眉。雲山本是無常主，更寫雲山賣與誰？」按世溥字巨源，故工部侍郎徐良彥子，南昌人。十六補諸生，時東鄉艾南英以文名，與巨源約爲兄弟，江左錢謙益姚季孟及里中萬時華諸子，皆以杓斗歸之。入清絕意仕途，順治初，有司厚幣往山中致之，拒而不納，洵氣節文章雙絕之人也。先生既與斯人友，其人品亦不難想見。故宋牧仲犖高先生爲人，嘗作二牧說贈之。惲南田壽平在揚州，遇先生還江西，詩以送之云：

長天孤客又西飛。　八月新涼到客衣。　歌吹竹西留不住。　滿江秋月一帆歸。

先生既老且病，欲募資知交買一驢，乃作募驢圖，魏叔子禧爲作疏。吳梅村偉業朱竹垞彝尊韓慕廬菼分贈米錢繭綢，尙有知名之隱逸僧道，喜捨米幣者十一人。米多不過一石，錢少者僅五十文。題跋者有汪鈍翁琬陳香泉奕禧符幼魯曾諸公。是圖傳歸梁蒼巖清標蕉林書屋後，展轉入揚州李中耆兆洛手，終爲桐城姚石甫瑩所得。石甫因遍索詩四方，寶山毛生甫嶽生題之云：

飯牛空山中。　分無駟馬馳。　區區買一驢。　亦醵良友貲。
米絹與舊書。　準錢佐劵劑。　保富說多善。　救貧策無奇。
儲藥非不夥。　疾痼聊暫治。　縱殫百夫力。　何術紓衰羸。
昔賢偶濡墨。　艱苦寓笑嬉。　應增旅食慼。　庶免博士嗤。

張鐵橋 穆

張穆字穆之，自號鐵橋道人，廣東東莞布衣也。長不滿五尺，而奇矯精悍過人。齡逾八十，步履如飛。少善擊劍，及海內多事，出遊吳越間，竟不得志。晚年歸隱羅浮，潛心華首，深究無生之旨以終。時有客問其志，道人酬以詩云：

吾本羅浮鶴。　孤飛東海東。　寧隨南翥鳥。　不逐北來鴻。
坐愛千年樹。　高逾五尺童。　乘軒亦何苦。　隨意水雲中。

同邑鄺湛若（露），道人至友也。嘗記道人之爲人云：「穆之短小類郭解，深沈類荊卿，相劍有如風胡；畫馬則似韓幹。酒不能飲一蕉葉，而日與酒徒遊；粟不過儲甔石，而好散於窮士。應門無五尺之童，駿馬滿外廐；恂恂若不能啓口，而呵筆千言立就。不事臨池，而擅美六書；薄雕蟲、而兼精繪事。」蓋明末遺民一奇傑也。康熙初在浙西時，秀水朱竹垞（彝尊）贈詩一篇。其歸而入山也，同邑屈翁山（大均）送之詩二首。與湛若文竝讀，道人之言行盡之矣。

贈張山人穆　朱竹垞

鐵橋老人逸興長。草堂卜築東溪旁。彈棊擊劍有奇術。飲酒賦詩多藥方。逢人豈憚霸陵尉。畫馬不數江都王。莫道雄心今老去。猶能結客少年場。

送鐵橋道人　屈翁山

十二慕信陵。十三師抱朴。十五精騎射。功名志沙漠。袖中發強矢。紛如飛雨雹。章句恥不爲。孫吳時間學。蹉跎遂莫年。喪亂成蕭索。洗心向林泉。所望惟鸞鶴。瀑水與蘿花。飄飄夢中落。

立功良有命。英雄思戰歿。可惜沙場中。少君一白骨。神仙學未成。見道苦超忽。努力去雲霧。天光自開發。歸去養生人。聰明毋自伐。朝氣若流泉。暮心如海月。

道人詩題曰鐵橋集。如：「人生復何樂，羈帚貴自斷。」「靜觀萬物性，有志安可樊？」「風塵塞宇宙，肯易爲人知？」諸句，皆足徵其高風峻節。其他應酬，亦多名士。嘗於元日之夜，訪寗都魏季子禧於瓊海旅邸，作別魏季子一首，鄺湛若殉難廣州後，又作詩哭之。

別魏季子

眷言同意氣。離合便相關。良夜不重得。遊人難久閒。明燈寒共影。濁酒暖開顏。此地能長聚。菰蒲別世間。

哭鄺湛若

三城凋落故人稀。憑弔忠魂杳不歸。散帙每從僧壁在。高臺殊悵鳳巢非。雨沈殘燭疑增夢。寒暗幽花尚見輝。記得酴醾同校字。乾坤空老復何依。

道人既不得志，而放情詩酒，其詩畫皆以氣骨勝，書尤縱横揮灑，前無古人。當酒酣耳熱之時，精悍之氣，宛然若電，發於冷雲疎雨之中。最工畫馬，蓋性極愛馬，生平多蓄驪黃，以悉其眠食喜怒之情，又審其筋骨之所在。嘗謂：「馬腹前有兩繭筋，其常微動者，良馬也。蹄後有窿，謂之寸金。奔馳時，後蹄能擊及寸金，謂之跨竈。駿馬奔馳，蹄尖距地僅寸許耳。」道人視馬之精有如此，則其畫馬之妙，宜矣。

道人山水，亦非尋常作家所及，迨入羅浮，日見朝嵐暮氣，出沒隱現，其技愈進。於是傳道人者，以詩以畫，然皆非其志。湖州韓子遽純玉，亦遺民也，嘗題道人畫馬述及此意。詩云：

題張道人畫馬

鐵橋年已七十五。醉裏蹁躚拔劍舞。餘勇猶令筆墨飛。迅掃驊騮力如虎。維摯蕭蕭古白楊。四蹄卓立明秋霜。昂然顧盼氣深穩。風鬉霧鬣非尋常。用之疆場一敵萬。如何閒置荒坰畔。壯心烈志悲暮年。永日披圖發長歎。

八大山人　朱耷

八大山人名耷，宗室寧都王孫也，世居南昌。父原工書畫，其名噪江右，然生而喑啞，口不能言。父歿後，有甲申之變，山人亦學父喑啞，左右承事，皆以目語，合意則頷之，不合則搖頭。對賓客寒暄，亦以手，或聽古今事，有會心處，輒啞然而笑。如此者十餘年，遂棄家爲僧，自號雪個，個山人，屋驢屋，瀘漢書年，洛園，不一而足，最以八大山人行世。蓋八大者，或謂山人曾藏八大人覺經，或又謂八大乃四方四隅，惟我爲大之意，不知孰爲當也。但山人署名，每八大二字及山人二字，各以草書連綴其畫，八大如哭字，又如笑字，山人如之字，故合而讀之，類哭之笑之，隱約間，當有玩世之意。又所鈐印章，有一小印，字形宛如畫屐，迄不能讀也。

山人嘗入奉新山中，稱宗師二十年，從學者常百餘人。臨川令聞其名，延之官舍。又年餘，忽忽不樂，遂發狂疾。時而大笑，時而大哭竟日。一夕自裂僧衣，投之火，走還會城。自是常戴布帽，曳長袍，獨徜徉市肆間，履穿踵決，拂袖蹁躚，兒童後隨譁笑，而山人不顧，人亦無識其爲王孫者。適有姪遇於途，留居其家者久之，病始瘉。乃大書一啞字署其門，絕不與人言語。

山人之畫，擅長山水與花鳥竹木，皆以簡省勝。筆情縱恣，不泥成法，蒼勁圓睟，逸氣橫生。雖偶有積十日五日之功爲精緻之作，而傳世者極寡。其松蓮石三品，世固有神品之稱。即蘆雁鳧汀，潛魚飛翼，亦皆極生動之致，非他人所可企及。乾隆時，仁和程柯坪（之章）題山人菌筍圖云：

誰能畫菌如畫芝。銅釘茁土偃瀡滋。誰能畫筍如畫荻。凍雷怒蟄錦綳坼。山人泚筆絕藝兼。圓堆壞笠犀擢尖。伊蒲饌淨谷神醒。擷蔬不受肥羶黏。石城回首烽烟動。朱邸繁華成昔夢。寄生已分笑靈椿。結實何心飼饑鳳。一龕枯坐雪鐙昏。薇蕨西山忍共論。君不見國香零落鷗波涴。芳草王孫斷客魂。

山人之書，胎息魏晉，狂草尤怪偉。大瓢偶筆曰：「八大山人雖云指不甚實，而中鋒懸肘，自有鍾王之氣。」又曰：「世人惟知學黃魯直瘞鶴銘，不知魯直以前，有唐之張嘉貞；魯直以後，有明之八大山人也。」

山人之詩，殆不傳世。武進邵子湘（長蘅）客南昌時，訪山人於北蘭寺，山人握手熟視，忽又大笑，竟不交一語。是夜子湘宿寺中，與寺僧澹公剪燭而譚，澹公語子湘曰：「山人有詩數卷，祕不示人，題跋尤古雅，間雜難澁語，不盡可解。」子湘因得見山人與澹公數札，欵爲不減晉人之語云。今所見山人詩，惟左二十八字，誠吉光片羽也。

題畫山水

郭家皴法雲頭小。　董老麻皮樹上多。　想見時人解圖畫。　一峰還寫宋山河。

山人面色微頳，豐下而少髭，飲酒不能盡二升，而好飲。貧士山僧，市人屠沽，有具酒邀之者，輒縮項撫掌，笑聲啞啞而往。往輒飲，飲輒醉。又好以藏鉤拇陣之戲，賭酒勝則啞然而笑，負亦笑，愈負則起而擊勝者背，笑益啞啞不可止。既而大醉，每歔欷流涕。或備紙筆，牽袂捉衿索畫，則墨瀋淋漓，經意揮灑，忽作雲山，忽寫竹石，毫無所愛惜。故求山人畫者，多索之醉中，且多就山僧屠沽購之。若顯貴以數金易一木石，山人不與也。或有持綾絹至，山人即取而受之，曰：「如昔懷素語人，吾亦用以爲襪而已」。

山人出自宗室之裔，痛遭社稷顛覆，國土淪亡之變，悲憤慷慨，汨浡鬱結，而無發泄之地，於是佯而爲啞，爲狂，遊戲筆墨，哭笑杯酒，以銷磨刼後生涯，其意亦可哀矣。況世皆目山人以啞者狂人，未知其哀憤所在。惟司空熊蔚懷者，不知何許人，嘗賦詩寄山人，慕其高蹤，蓋亦巖栖遺臣之有志節者也。

詩云：

高士南州邈。東湖烟雨寒。伊人千載後。秋水一編看。把卷吟詩好。聞名見面難。相期拾瑤草。長嘯碧雲端。林巒供放眼。城市卽山中。予亦巖棲者。將無玩世同。絕袪名士態。定許酒人通。笑彼雲烟客。崎嶇走雪風。

戴務旃 本孝

安徽和州，明季有二烈士：一爲張秉純，字不二；一爲戴重字敬夫。敬夫性至孝，砥行修名，彬彬有儒者風。崇禎五年應廷試第一，官至湖州府推官。甲申變後，歸里不出，和張秉純絕命詞，俱不食而死。鄉人私謚曰文節先生。務旃、卽先生長子也。名本孝，號鷹阿山樵，又號前休子。父歿後，與弟無忝 移孝 克守父志，以布衣終身。著有前生餘生詩稿。

山樵爲人高曠，在鄉隱居鷹阿山中。在京師，名所居曰守硯庵，日賣書畫自給。一夜與友人談華山之勝，翌日晨起，卽襆被而往，王漁洋 士禎 程湟溱 可則 諸公，皆以詩送之。

送戴務旃遊華山　　王士禎

捫蝨雄談事等閒。　餘情盤礴寫孱顏。　洛陽貨畚無人識。　五月騎驢入華山。

又　　程可則

君本忠孝人。　濁世稱大賢。　束身爲圭璋。　所志非偓佺。

振衣仙掌崖。　洗耳玉女泉。　皎然脱物役。　可以臻長年。

山樵不特人品峻潔，詩畫亦超逸絕世。據明詩綜謂：「山樵父敬夫詩，專師杜少陵，未嘗作唐以後語，」家學淵源，山樵之詩，亦可概見。其畫擅長枯筆，深得元人遺意，境界極深。或云「其筆致極似程穆倩邃」而穆倩雅尚蒼古，山樵專宗枯淡，各有所長也。山樵嘗貽王漁洋士禎畫册數頁，自題之云：

叢薄何蓊薉。　喬木無餘陰。　斧斤向天地。　悲風摧我心。　不知時榮者。　何以得高深。

燔柴今已廢。　岳靈杳何託。　白雲來洗崖。　有額爲誰斵。　濤聲聽松崩。　響逐龍湫落。

何處無深山。　但恐俗難免。　一心溯眞源。　千載不卷轉。　扁舟弄桃華。　此興自不淺。

草木亦爭榮。　攀援與依附。　凌霄桑寄生。　滋蔓尙可懼。　惜哉不防微。　良材化枯樹。

坐愛柴扉外。　林陰滿釣竿。　葭昏烟棹濕。　谿落水春殘。　不是滄浪客。　前津問好難。

龔半千 賢

柴丈人龔賢，字豈賢，一字野遺，號半千，又號半畝，江蘇崑山人也。早年移居白門，後厭其雜遝，流寓揚州。已又厭之再還白門。在揚州時，留「定香生寂磬山翠滴疏櫺」一聯於夕陽雙寺樓之雲山閣，其名大著。一年，錢唐諸駿男九鼎過此地，歎曰：「小有風流頓盡于一宿草久衰，柴丈遯跡白門，梅岑栖蹤遠郭；故人皆雲馳雨散，念此能毋傷懷?」蓋小有李盤字于一，王猷定字，梅岑宗元鼎字，柴丈即稱先生也。當時風塵滿目，先生之來去未定，讀所作揚州曲二首，亦可以察時會也。

江上誰傳戰鼓來。流亡士女鬨如雷。月明今晚天街靜。十二城門到曉開。

避賊還須先避兵。六街鷄犬夜無聲。粧樓半掩美人盡。茉莉花開香滿城。

還白門後，結廬清涼山下，葺園半畝，栽花洗竹，水通堂下，鳥來林端，日長無事，悠然自得，筆墨之餘，惟高枕而夢羲皇而已。佟儼若世恩贈詩：「小園留半畝，有客老柴桑，」即指此。一日自寫小照，偶得一僧掃落葉狀，喜合己意，因名所居曰掃葉樓，又自稱柴丈人。是後先生不復出遊。知交之士，寄題斯園之作漸多，茲舉所見者數首。錢唐胡彥遠介詩云：

一葉落高木。草堂秋自生。故人已千里。明月欲三更。憂患存終古。饑寒見老成。霜清憐永夜。回首望蕪城。

屈翁山大均詩云：

松逕秋初到。茅堂寒欲深。虎風過亂草。蟬露滴空林。招隱成高詠。安貧見道心。慇懃南澗月。夜夜照瑤琴。

吳野人嘉紀詩云：

亂離足飄泊。老大還郊坰。江水眞有意。流轉一浮萍。親戚復誰在。虎嘯山風腥。驚疑兒女色。顧戀歸人情。翳翳寒烟墟。蕭蕭茅草亭。琴書旣有託。斂迹謝逢迎。澄潭入郭流。羣峯繞舍青。悄然松際月。聞爾商歌聲。

周櫟園亮工詩云：

於世殊無事。經年合閉門。白衣鮮墨汁。烏几潤花痕。亂竹三更雨。空山半畝園。畏人常屏跡。感激虎狼恩。

野老閒稱病。柴門永日關。殘苔生破屐。修竹蔽衰顏。得酒看人醉。成詩肯自删。夢中頻過爾。大月好風間。

先生性孤癖，落落不與人合，獨推服屈翁山之爲人。常謂人云：「屈五龍章鳳姿，可謂輝映南海」蓋以翁山志節，有與先生肝膽相照者乎？故居金陵勝地，平生過從，僅方爾止文湯岩父燕生諸老。胡彥遠嘗貽書龔尙書芝麓鼎孳云：「研德、疇三，吳門兩玉樹也，閣下見之，定當把臂入林。半千、我黨中人也，其氣不與俗諧，與時賢不相識，若過蕪城，姑留之盤礴，必知其人之蕭遠也。」研德、嘉定侯元弘字，疇三、長洲宋德宏字，俱以品藻聞，世呼侯二宋三，視爲三國張子布昭魯子敬肅者也。先生與之鼎立，故彥遠有斯言。先生歿後，家貧不能具棺殮，會曲阜孔東塘尙任客遊金陵，爲經紀後事，撫育其孤。並收錄遺文行世，曰香草堂集。宣城施愚山嘗題先生像贊云：

人推詩老。　自稱柴丈。　名不可逃。　俗不可尙。
尊酒陶然。　筆墨天放。　投迹嵒中。　寄情霞上。

先生工詩文，然生平不苟作，作必嘔心抉髓，極其所臻，無一字落人蹊徑而後已。詩宗唐人，最嗜中晚兩唐之作，蒐集及百餘家，名曰中晚唐詩紀，多不經見之本。先生所作，亦格調淸拔，意象幽遠，周櫟園朱竹垞及黃九烟周星皆推之。其登岱云：

勒馬瞻東岱。嵯峨勢獨尊。半空懸日觀。一竇仰天門。氣接荆吳白。雲歸齊魯昏。久虛封禪事。碑碣幸長存。

扁舟云：

扁舟當曉發。沙岸杳然空。人語蠻烟外。鷄鳴海色中。短衣曾去國。白首尚飄蓬。不讀荆軻傳。羞爲一劍雄。

與費密遊三首：

與爾傾杯酒。閒登山上臺。臺高出城闕。一望大江開。日入牛羊下。天空鴻雁來。六朝無廢址。滿地是蒼苔。

登臨傷心處。臺城與石城。雄關迷虎踞。破寺入鷄鳴。一夕金笳引。無邊秋草生。橐駝爾何物。驅入漢家營。
江天忽無際。一舸在中流。遠軸已將沒。夕陽猶未收。自憐爲客慣。轉覺到家愁。別酒初醒處。蒼烟下白鷗。

先生又善書畫，則與同時樊會公圻、胡石公慥、鄒方魯喆、葉榮木欣、高蔚生岑、吳遠度宏、謝蓀所謂金陵八家之第一。其山水，自董北苑入手，愛撫梅道人，沈鬱深莽，人不能窺其奧境。時用焦墨，有極蕭疎淡逸者，惟非其本色而已。嘗謂：「吾畫前無古人，後無來者，」固非詫辭矣。時程青溪正揆於斯道生平少所許可、獨題先生畫云：「畫有繁減者，乃論筆墨，非論境界。北宋人千巖萬壑無一筆不減；元人枯枝瘦石，無一筆不繁，通此解者，其惟半千乎？半千之用筆也，如龍御風，如雲行空，隱現變滅，渺乎不窮，蓋以韻勝，非以力勝者也。」先生畫品之高，誠一時之冠。所著畫訣一編，言近旨遠，實學山水者不磨之寶典，六法之津梁也。

許有介 友

許友，字有介，號甌香，福建侯官人，故浙江提學副使許玉史豸子也。初名宰，旋易名友，又易名眉字介壽，又曰介眉。易名凡三，而多以友字有介行。早補諸生，後竟不出仕。國變後，金谿周櫟園亮工來任福建按察使，首訪先生，相得甚善。及順治末，櫟園獄起，先生爲之被累，檻車至京師，先生釋而歸，後數年卒，年僅四十餘。著有米友堂集。

先生性疏曠，以晉人自命，既負盛名，閩中之士多訪之，而無一往報謁者，且不省來者之爲誰，以是人多憾之。即相暱者，亦退有後言。先生不問焉，日以酒自遣如故。爲人短軀大腹，周身無鬚毛，宛然如肥媼。櫟園嘗許先生云：「君酒第一，書次之，畫竹又次之，詩文又其次也。」先生年不五十而終，或第一之物所致乎？

先生之書，初喜諸暨陳老蓮洪綬，後變而辦香米海岳，晚年鎔匯衆長，自成一家，遂臻極境。初，特構一室，顏曰米友堂。其友黃仲霖笑之曰：「小子自大，敢友海岳耶？」因更其室曰箬繭云。畫下筆無烟火氣，最善墨竹，鐫印曰「許友畫竹。」又好作小竹，倣管仲姬道昇法，柔枝嫩葉，姿態橫生，頗有蒼楚之致。惟因櫟園事，一渡黃河，則不復畫。偶有意興，輒寫枯木寒鴉以寄意，蒼涼之態，不可逼視。櫟園嘗觀所作羣鴉寒話圖，爲題長歌云：

許生崛強好畫竹。整整斜斜風肅肅。向北忽不見此君。一心惟愛寫枯木。南司夜夜北風多。呼酒不來可奈何。硯凍杯乾不肯睡。禿筆間從冷坑呵。呵筆搖搖拂敗紙。童童偃蹇無樹理。燈下微窺龍虎姿。離離欲死不成死。雨鞭風撻老蛟饑。左攫已絕右拏離。心憐欲益好顏色。粉墨兩看無所施。淺者屈霜深屈雪。白攉龍骨黑老鐵。到底不能看作薪。此公雖苦有高節。半夜俄聞烏亂啼。啞啞軋軋明月低。菀□何曾集冷翼。不知飛向誰家棲。許生見鴉長嘆息。萬巢突兀生胸臆。鴉爾來前爾鴉前。吾將巢子以奇墨。我樹雖枯得大年。南枝不脆北枝堅。關河雪冷謀且息。暢飛暢舞好更遷。夜深鴉與羣鴉語。上下四旁同一處。嘈嘈切切無留言。我歌爾和愼莫拒。朝從昭陽殿裏來。千門萬戶一時開。蘘乎鼓之軒乎舞。親見鄒衍吹律回。鳩樂閒房鵲笑大。來遺我酒羣相賀。吾徒豈不憶寒號。枯枝得坐且同坐。楊柳藏身憶白門。欲飛不飛憶黃昏。此心流水孤村外。此地難言好久存。葦屋風飄不成畫。放筆與鴉爲酸話。不知幅間與樹間。更殘月黑羣鴉拜。許生畫竹竹盡情。許生畫鴉鴉有聲。但是一點兩點墨。何至遂與羣鴉爭。許生愼莫悲寒煦。會使墨光有奇吐。曦曦天上鳳凰鳴。日寫梧桐千萬樹。

朱竹垞彝尊評先生詩云：「篇章字句，皆不屑踏襲前人，正如俊鶻生駒，未可施以韉靮也。」周櫟園亦嘗合先生與陳開仲濬陳克張徐永存三人詩，名曰閩中四亡友詩。評云：「有介學識，或讓三人，其詩才敏妙，三人皆有未逮。」今錄先生詩三首：

龍洞

怪巖幾千古。藤蘿挂其膝。有洞可行人。僅容六與七。
謖謖聆秋風。炎炎銷夏日。雲從洞口歸。水從洞口出。

題淵明獨酌圖

黃花初放酒新香。門巷蕭然意味長。不管人間有風雨。先生高臥過重陽。

作畫

靈谷官梅放未曾。石頭懷古不堪登。無端縛就松鍼筆。畫出青山是孝陵。

時詩壇耆宿錢牧齋（謙益），亦手先生詩集，一再誦讀，愛其才，爲題二首，有句云：「解嘲應有作，欲殺豈無詞？」蓋櫟園獄既起，有司苟欲置先生死地，豈無詞乎？惟先生未嘗解嘲，於櫟園亦毫無所憾。是以櫟園每不忘先生之名，其獲先生自用印章數方，書後云，「右所列印章，君常用者也。嗟呼！今不能復見君，惟見此印章，輒如見君。偶加翻閱，又如見君鼓便便大腹，舉巨觥時，潸然淚下！」洵至情語也。

徐昭法 枋

秦餘山人徐枋，崇禎十五年壬午舉人，天啓二年壬戌生，字昭法，號俟齋，別又號澗叟、雪牀庵主，江蘇吳縣人，故少詹事徐文靖公汧長子也。公南都朝屢以疏劾馬阮兩姦，爲所齮齕，引病家居。乙酉六月，清兵陷蘇州，公乃正衣冠，自投虎邱新塘橋下死。山人時年二十四，號泣欲同殉，公制之曰：「吾不可不以義死，汝身未仕，斂吾骨入山，一生爲農夫沒世可也。」山人於是隱居終身，自號秦餘山人。是歲避地汾湖，再遷蘆區，明年丙戌，黃石齋道周贈書陳臥子子龍，欲招山人薦隆武朝，臥子亦慫恿之，山人皆力辭不赴。謂曰：「諸公因吾先人大節，惠顧及吾，此昔人所謂因以爲利者也，故不敢。安危得喪，非吾所計。」已而移居金堡者數年。癸巳以後，往來靈巖支硎間。己亥始卜居上沙村澗上，築屋曰澗上草堂，遂老於堂中。堂在天平之麓，笠山笠水之間，環堵蕭然，邈與世隔。一年，梅花時節，陳確菴瑚自太湖來訪，與山人共飲。確菴有詩云：

一夜寒香萬樹開。相逢花下且啣杯。窮途兄弟難成醉。故國風烟易入哀。雪滿山中蘇武窖。月明江上謝翺臺。寸心不盡斜陽晚。濕遍青衫首重回。

當時與山人同志節者，有宣城沈耕岩壽民嘉興曹端明鳴盛，世稱海內三高士。山人風度最美，性頗峻潔，平生讀書外，竟日不發一語。所與往來，以崑山朱柏廬用純吳門楊易亭无咎爲同志；萊陽姜在學實節爲世好，越中戴南枝易爲至交，吳江潘次耕耒爲門弟，靈巖南嶽和尙弘儲爲方外友，此外見面者亦罕。康熙初，川湖總督蔡毓榮在任武昌，具書厚幣，託幕下馮某致意，山人不受，曰：「蔡明府今日之殷荊州也，奈何余不能爲顧長康？」因遺書馮某云：

僕自年二十四，守先人沒世之訓，長往避世，與親戚故舊，謝往還，絕問遺，今已五十一歲矣，敢與當世公侯卿相通交際乎？當世公侯卿相，亦安用此衰瘁廢民？幸好辭謝之，使安吾素，受賜多矣。

清三百年間，巡撫蘇州其名最著於世者，得湯潛庵斌宋漫堂犖二人，蓋潛庵以德，漫堂以文，二人俱至尙書之尊。潛庵在任時，尤欽慕山人高節，一再往山中訪之，終不得見。乃布席拜門，太息而去。乾隆間嚴鐵橋誠題山人山水册云：「風雨高歌有鬼神，自將翰墨寫天眞，支硎亦是桃源洞，不許尙番一問津。」即指此山人亦有題畫山水，以寫襟懷云：

蓼雨蘋風與不孤。渺然幽思看江湖。生來未識玄眞子。看取烟波一釣徒。

時黃崗杜于皇濬亦遺民而有名於並世少所許，獨重先生與沈耕岩，謂自愧不及。朱竹垞亦云：「以孝廉而高蹈者，吳越間其人不尠。而始終裹足不入城市者，惟吾郡李濬夫孔昭巢端明及吳中徐昭法而已。此外未有所見。」山人有弟名柯，字貫時，亦能詩畫。父歿後，居別業二株園，其性與山人異，風流跌宕，日延賓客，招聲伎，花木亭榭，備極豪華。未幾家產爲之蕩盡，因之山人亦貧，僅恃賣書畫自給。然人有餽貽一絲一粟，亦未嘗受。至藜羹糗飯下春不糝，晏如也。嘗數日絕糧，督學劉杲見之，謂教諭姚某曰：「邑有高士，何可任其餓死？」解橐金使餉之。某乃往，方及門，一婢欲出應，自門隙窺見輿從，踉蹌入內，不復出。某候至日暮，竟不果意而去。吳人爲譜樂府閉門行紀其事，迄今仍唱之云。

當此時，獨南嶽和尙時周山人之急。其言曰：「此世外淸淨之食也。」和尙名弘儲，字繼起，自號退庵，原與化志士李嘉兆子也。父歿爲僧，巡錫經年，後歸而開法靈巖，好與志士仁人遊。嗣法弟子，滿於天下，前大學士熊開元爲僧，號正志，其著者也。南都亡後，吳越問義軍相繼而起者，實和尙法塵之指揮。永曆辛卯，爲淸兵逮下獄，久之纔免，而取志仍如故。或戒之，輒曰：「憂患若得其宜，湯火亦樂國也。」和尙歿後，山人語人云：「每歲三月十九日，退翁必素服焚香，北嚮揮淚拜先皇帝，十八年如一日。」蓋甲申三月十九日，乃北京陷亡之日也。山人知交忠貞如此。

山人豢一驢甚馴，解人意，山人日常每有所需，輒置所作書畫於籠中，挂其背而放之，驢能獨行至城闉，止於所止，不敢出闌一步，見者爭趨之，相謂曰：「高士之驢至矣。」乃取籠中書畫，備其所需之物代之，驢則返家。淸康熙三十三年甲戌，山人病卒，年七十有三。遺命門弟子，勿受一切弔慰。時宋漫堂犖巡撫蘇州，亦欲致賻而不能。所著有居易堂集、二十一史文彙、通鑑紀事類聚、讀史稗語、讀史雜鈔等，子文正、文行，俱先父卒。

山人歿後，門人潘次耕耒等相謀，就草堂建祠祭之。至乾隆末，其祠漸傾圮，時有山人同姓徐山民者，重葺治之，屬袁隨園枚記事。隨園喜其有古人風，取所藏山人山水一幀爲贈，且曰：「俟齋有靈，假余手而投之卿，非以相報耶？」亦藝林韻事也。

山人書學孫過庭與十七帖，瘦硬入神，尤善行草。詩文出入韓柳之間，文字健拔，以扶植世教爲念，未嘗事酬應之作。畫法巨然，間作倪黃邱壑，布置穩妥，皴染明淨，其用筆沈着腴潤者，如董思翁其昌中年得意之作；其潑墨蒼渾妍秀者，則追踪晚年之戴鹿牀熙。要之山人之畫，洗淨一切佻巧，崇高靜穆，實如見其人。山水外，好寫芝蘭，然亦不苟作，必先馳思商山，遺意楚畹，一支一莖，皆得其神而後成。蕭疏淡遠，頗有趙彝齋子固遺韻。彝齋宋末高士，其意氣近山人之故也。王漁洋有齋中三詠，金孝章俊明畫梅，王玠右先承草書，與山人畫芝。漁洋題畫芝云：「天池白雲裏，寫此商山姿，感君黃綺意，勝食齋房芝。」祕襲之意，亦可以見。山人詩，所見有古體數首。遠別云：

上山采蕨薇，日暮不盈把。苦饑良足悲，將遺同心者。良友遠別離，踟躕送于野。我有盈觴酒，黃流傾玉斝。申以遠遊曲，中懷期共寫。清商一何悲，四座和者寡。恐傷遊子心，攬涕不敢下。景光已西馳，日月不我假。

良時既不再，日月忽已淪。杳杳竟長夜，悠悠失路人。臨風發三歎，志意悲未伸。人生能幾何，百歲如飇塵。修名恐不立，躑躅長悲呻。避世同所願，結髮栖何津。邂逅寸心違，泣涕沾衣巾。

文與也 點

文點，字與也，自號南雲山樵，江蘇長洲人，文肅公震孟孫也。文肅公有子二人，曰秉曰乘。乘出而奔走國事，終以身殉難。秉隱居不仕，以著述終，即先生父也。其著烈皇小識，述崇禎十七載之逸史，於當時有君無臣，聖主宵旰於上，羣臣朋比於下，痼疾已成，不可救藥之狀，記之頗詳。自序云：「天乎！人乎！豈氣運使然乎？天終不祚明，帝星忽殞，悲憤塡膺，扼吭欲絕！」其氣節文章，亦自可知。母爲參政申用嘉女，尚書申瑤泉時行，其外祖父也。

先生崇禎十五年壬午生，自幼聰慧能詩，嘗從長者泛舟石湖，有「長橋連月湧，遠水隔山分」之句，坐客無不歎賞。年甫十二，偶耳北京凶聞，乃泣曰：「國已破，奚事家爲？」遂無意華膴，棄制舉之業，肆力詩古文辭。父歿後，仍依墓田，服喪三年。年四十，始渡江淮，遡河洛，薄遊京師。有勳貴語先生云：「子先世多以薦授官，子何爲不仕？當以國子博士薦也。」先生謝曰：「士各有志，行止亦有時，公無強之。」乃拂袖而歸。後不再出。清康熙四十三年甲申四月，卒於郊西之笠塢，年七十有二。所著有文集四卷，詩集十卷，合曰南雲詩文集。

先生爲人，內和而外嚴，生平不道人過，獨不喜時儒講學之風，謂曰：「上不能致君堯舜，下不能施德政於民。退而講性命所行所爲，惟事虛文，不能實踐；借以粉飾自私自利之心耳，何所取耶？」家貧，舍城下蓮涇慧慶寺，日賣書畫自給。適有富人子，具兼金求畫者，期以三日，至期走來索畫，先生恚曰：「余非畫工，何得以此迫我，」擲其金於地。時睢州湯潛庵斌巡撫江蘇，一日屏車騎入寺問治吳之要。先生曰：「愛民者，先務去其害，如虎邱采茶，府縣之吏絡繹徵辦，積弊已久，公若能除之，卽善政矣。」潛庵乃伐其樹。潛庵又嘗語先生曰：「聞先生所存之田，僅二三畝，何以爲饘粥之計？」先生曰：「貧者，寧非士之幸？萊羹蔬食，足以安人性情，而堅人操行，或少有餘，爲移所守，豈不負先世之遺訓？」昔孔子問弟子之志，點曰：「莫春者，春服既成，冠者五六人，童子六七人，浴乎沂，風乎舞雩，詠而歸。」夫子喟然歎曰：「吾與點也。」先生之生也，文肅公抱之膝上，命名曰點，字與也，其意蓋取諸夫子。然先生一生，可謂無負於乃祖之望者。

先生山水，頗得曾祖文待詔徵明遺法，用筆細秀，暈潤迷離，絕無俗韻。然有時有率爾之筆，父執汪鈍翁琬嘗規之曰：「繪事須霞思雲想，窮意經營，奈何使頹唐之落墨流布人間？」先生自是不苟下筆，其畫益進。兼善人物，尤工松竹小品。其松幹好點苔，世有「文點松」之稱，諺謂「文乎文也，點乎點也。」

秀水朱竹垞彝尊，文肅公以來世好也。與先生交尤篤。是以先生易簀之夕，遺命請竹垞誌其墓。竹垞乃撰文，系以五言銘，此特例也。謂先生常稱竹垞詩，最愛其五言云。銘曰：

崇禎十七載。宰相五十八。文公宣麻日。
朝士氣一伸。五旬拂衣去。人亡國胥淪。
有如陶公侃。宜有泉明淵。點也式祖訓。
不以富易貧。瀟灑弄翰墨。澹泊棲松筠。
雖曾客京洛。素衣屏緇塵。伊人洵難得。
可宗亦可因。誰搜遺民傳。庶其考吾文。

姜鶴澗 實節

姜鶴澗先生實節，字學在，號鶴澗，江蘇吳縣人，山東萊陽姜如農埰仲子也。如農崇禎末以知縣擢禮科給事中，在官五月，上疏論事者三十餘章，遂與嘉魚熊開元同詔下獄，拜杖一百。甲申正月，謫戍宣州衞。時父忠肅公瀉里在萊陽遭流賊，與一門二十餘人殉難。如農弟如須垓，仕為行人，聞而上疏，請代兄繫獄，使兄得歸葬父。命未下，如須追兄南行，途中聞京師已陷，烈皇又殉社稷，於是二人相抱痛哭，暫留蘇州。

迨南都立朝，阮大鋮用事，必欲羅織二人致之死。蓋大鋮猶在京師時，如須見行人廨舍碑有大鋮名，上疏於朝請碎之之故也。二人遂變姓名亡命閩浙間甚久，後復來蘇州。如須先兄二十年以順治十年癸巳卒，同人私謚曰貞文。徐俟齋枋五君子詠中，其一即悼如須也。

吾友神皇裔。海岱聿挺生。風騷緬哀怨。感激空生平。憶昔年弱冠。賢書冠王庭。先公分禮闈。清鑒持文衡。圭璋自特達。遇合洵有神。射策漢闕下。一出凌羣英。終軍正年妙。衞玠復神清。綵衣管紫綬。翩翩馳帝京。妙年奮直節。慷慨輸忠貞。擊姦穹碑碎。粉署清軒楹。攬轡周四方。江山助精靈。咳唾珠玉落。詩歌金石聲。爲國除大憝。折檻有難兄。若翁仗大義。闔門殉孤城。忠孝聚一門。泣血動神明。將毋避世難。日夕從南征。回首望日觀。蒼茫隔蓬瀛。禹穴討幽意。蘇臺懷古情。間關辭紱冕。契闊甘柴荊。與余爲晜弟。意氣浩縱橫。俯仰死生間。長慟中腸傾。有時良讌會。酒酣涕淚零。涕淚咽笑語。四座懷酸辛。余既終避世。君亦長辭榮。采薇與種瓜。十年同伶俜。胡然鵩鳥入。龍蛇歲崢嶸。賈生哭泣死。千秋徒令名。忠魂返帝鄉。彷彿從霓旌。中宵望天宇。烱烱增華星。

如農自號宣州老兵，又號敬亭山人，嘗結廬敬亭山下，欲終其身，未果。其病革也，遺言曰：「敬亭吾之戍所也，未聞後命，吾猶罪人，敢以異代背吾死君乎？」遂不起。同人私諡曰貞毅先生。兄安節乃奉遺骸至宣州，葬之敬亭山下，以全其志。時清康熙十二年癸丑也。翌年王漁洋士禎南遊，來拜其墓，輓以一詩。詩云：

曾聞碧血裹朝衣。滄海橫流萬事非。生已變名吳市去。死當埋骨敬亭歸。空山落日鳴鵑鴂。孤墓深春長蕨薇。魂傍要離君愛弟。英靈來往怒濤飛。

安節字勉中，自廬父墓側，後卒宣州。當隨父避難天台時，有越州秋興八首之作，二首如左，亦可徵其爲人也。

八月秋濤漲海門。江間風雨送黃昏。平沙鴈落邊烽影。古堞鴉啼戰血痕。南渡君臣餘第宅。北來戎馬半乾坤。天涯力盡登臺望。一賦難招楚客魂。

城郭荊榛滿夕暉。新亭舉目事全非。露臺淚滴金人掌。寢殿塵驚玉匣衣。宿莽芳洲花更落。陰江寒雨雁孤飛。何年採藥師劉阮。長向天台去不歸。

先生能守父兄之志，不事二姓，早棄舉子業，足跡不入城市。獨耽詩古文辭，最喜五七言詩。少時述懷云：「天山白草路橫分，日暮悲笳不忍聞，想得玉關方轉戰；皐雕風起欲盤雲。」入老境有云：「摧岸洑流渾，穿林水氣昏，山家無個事，十日不開門。」所居曰藝圃，乃相國文震孟清瑤嶼舊址。清流演漾，古木叢茂，隔岸巖石列峙，宛如層巒疊嶂。先生性愛古書畫器物，精鑑別，偶有所遇，輒不吝價買之。邀諸名士賦詩酌酒，摩挲抵掌無少倦，人稱其絕無貴公子態也。嘗襆被隨一童子，乘估人舟往登太湖東洞庭山，山中多富豪，而絕不與之通刺，獨逍遙僧寺中。見一丐者題壁絕句，異而物色，延置上座。丐者不知先生爲何人，握先生手曰：「汝眞知我者也。」先生大喜，錄其詩數首而歸。後持示汪堯峯琬，堯峯曰：「豈獨丐者異人而已，公子亦異人也。」

晚年於虎邱建父貞毅公叔貞文公祠，題曰二姜祠。祠後築棲息之所，曰諫草樓，中藏貞毅公章疏遺稿。生平厚師友之誼，世稱鶴澗先生。隆武元年丙戌生，清康熙四十八年己丑卒，年六十三。其卒日，吳人又私謚曰孝正。著有焚餘草。

先生書畫俱宗倪雲林，山水峯巒簡淡，林木蕭疎，頗極淸曠之致。但涉筆超俊，時有荒率之處。夫高人筆墨，皆出自胸中邱壑，形似非其所問，則荒率寧非難能乎？又兼妙水墨花木竹石。厲樊榭鶚題先生畫松云：

萊陽姜仲子，矯矯淸節後。獨持滄海身，畫松只畫瘦。矮紙氣屈蟠，疏影漏巖竇。勿矜干霄意，乃爲般爾宥。題字不滿百，筆勢如篆籀。對之神魂驚，慘淡見寒秀。裝堂沒骨花，遠笑荃熙陋。

據雪橋詩話，先生父如農，其曾孫女姜桂，俱能畫。乾隆時王蘭泉昶題姜女史春耕圖，有句云：

「可是敬亭山下路，累臣老去事春耕。」

王煙客 時敏

王煙客先生時敏，字遜之，煙客其號也，晚號西廬老人，又號歸村老農，人稱西田先生，江蘇太倉人。故相國王錫爵孫，太史王衡子。衡字辰玉，號緱山，年十四，和歸去來辭諷宰江陵之張居正，館閣中爭相傳寫。長而學殖愈富，能詩工書，散華落藻，名動海內。以萬曆二十九年廷試第二成進士，授編修。居未久，乞養歸里，屬病不起。先生時年十八。明年，又喪祖父，以蔭為尙寶丞，萬曆四十二年甲寅，始詣闕就職。自是在官者二十四載，經尙寶卿，陞太常少卿，崇禎十三年，以病請閒，歸後遂不復出。萬曆二十年壬辰生，淸康熙十九年庚申卒，年八十有九。里人私謚曰恭孝先生，祀鄉賢祠。著有王煙客先生集。

先生之於畫道也，所謂婁東派之鼻祖，上續華亭之緒；下導虞山之流。入淸三十餘年，巍然如魯殿靈光。以是世之聞先生名者，多視為淸代一大家，實則前明遺臣始終完節之偉人也。先生遺文有自述一篇，頹齡之日，略述一生行事，以示子孫者。先讀之，於先生生涯，庶無所悞乎？自述云：

一　余居官之大略

余、余先太史第三子也。初名贊虞，出繼叔祖學憲公爲嗣孫。余四歲頃，次兄賡虞患痘瘡殤。十二歲時，長兄鳴虞亦夭。余爲歸家，改名曰時敏。自幼依祖父文肅公同屋寢息，偶有園居，亦必相隨。及十七歲成婚，始別室而居。十八歲，父君背世，余遂罹咯血之疾，綿歷年餘，殆濱危殆。十九歲，又有祖父公岱遊，兩歲間連遭大故，煢煢藐孤，危如千鈞引髮。爾時門祚單弱，內外之事，塡委一身，無修學業之暇。且延世之典，不許長辜國恩，遂於萬曆四十年辛丑完祖父公葬事後，就璽丞之蔭。翌年甲寅春，赴闕拜官。璽司位列禁廷侍從，雖體貌優崇，而誥勅之御璽御史之領印文武牙牌乃至守衞銅符事緒頗煩瑣。余兢兢而寅恪供事，不敢以閒曹冷署自爲假易。凡朝參陪祀，戴星出入，祁寒暑雨，未嘗缺勤。或糜身散局，貽尸素之譏。每進乞差使，致馳驅之勞。輶軒所歷，始南北兩畿，及齊豫魯閩江右數省，足跡幾半天下。每上程，必先誡僮僕曰：「此行車徒廩餼，數千里間，糜朝廷金錢不少，而吾不費一錢，優游傳乘，又得便道歸鄉里，已大過分，何可再苛擾地方？」故所至之廚傳，皆務從省約，使事一畢，明日卽去，不稍稽留。所過監司及郡邑餽遺，一切謝絕不受。奉命使親藩者四：或册封，或存問，每度藩王所貽，惟受書籍石刻之類而止。如鏹幣，堅辭之。事雖與同僚異例，然吾不顧也。以蔭在璽丞者，滿九年例升二級，同僚邀登極特恩，不數年而驟躋上級者，其人比比也。獨余以差使在外，故年限遠過。天啓四年甲子，始升尚寶卿。七年丁卯，閩中頒詔而歸，遭先妣周太恭人之喪，逾年除服出仕。崇禎九年，升太常少卿，仍管璽司之事。十二年己卯，持節册封岷世子，其地居楚南絕境，一路炎塵，瘴痢交攻，跋涉之後，僅存皮骨。翌年庚辰春，具疏返節，遂以病請閒，奉旨還本籍，病痊許再出仕。溫綸異數，自顧身分，悚惕殊深。

越數年，甲申初夏，抱病里居時，忽聞天崩地坼之變，五內摧裂，自無生意。無何南邦定鼎，以原官起用。余深思止足之義，且方朝廷草創之初，黨論日事紛爭，樗散之身，無足以報稱。遂引病辭之，幸獲允。既而臺閣具疏特薦，乙酉之春，復傳前命，余再疏堅辭。時陵谷遽爾變遷，尚忍言耶？

計自余筮仕至獲公暇，在職凡二十四年。強半奉使於外，在衙門十年有餘。先後所閱寮寀；不下數十八人。其間天啓元二兩年，採賢於野，英髦滿朝，署中列席者，無不爲宿素名碩，海內重望，余以一駿豎，厠身其間，周旋步趨，幸爲名賢不棄，更謬垂獎借。或當事者修先人舊怨，或弄權者剪鋤異己，非無多方吹索者，以無可抉摘而止。始終倖全，得免吏議。

二　余居鄉之大略

自幼侍祖父側，每聞緒言：士大夫居於鄉，以早完國課，勤行善事爲第一義。余識之於心，寤寐不忘。後獨身當戶，慕黃兼濟平糶事，每田所入，至夏月騰貴之時，必減價發糶，以濟貧民，歲歲以爲常。居常寒施衣，饑施食，病施藥，死施棺；孜孜不倦。有以窮途遇難來請者，輒周之路費，不詰眞僞。尤致意完納國賦，縱晚年窘悴不支，鬻產質物，或期稍後，而無少逋脫。余生平恥請囑，寸函隻楮，亦未嘗入公府。時當道有舊誼者，屬意殷勤，有所言於余，然余自引分限，終不墮所守。

余御僮僕最嚴，家置數百人，亦不敢涉戶外事。苟有毆人或粗暴不守命者，卽時召之，不問曲直，必痛加懲治。以是戶庭寂然，常無喧聒之煩。

余生平謙益自持，敬恭桑梓者殊深。凡遇里中親戚知友，不論貴賤，皆盡誠待之，不敢或慢。雖少年後輩，亦忘年與之交，惟恐以老耄棄我。若有以非意相干者，必以情恕之，而自始無禮者，則惡之甚。

余不屑屑於財利，物之非己有者，一生未嘗手取隻絲片粟。近年公私俱迫，棄田園以償宿逋。居中者，每乘急上下其手，多賤售折閱，余明知之而不與較。蓋余數十年來，寧下於人而不居人上，寧失於予而不妄取。永矢弗渝，此鄉里之所信也。

三　余慎終崇本之大略

憶昔祖父以元輔里居，先考以上第侍養，聲光赫奕，遐邇艷羨，余童時皆身親遇之。及余甫成人，疊遭閔凶，門戶凋瘁，而苫塊哀迷之中，尚不怠祭祀。爲祖父請卹典，遂予謚；爲先君請不朽於當代巨公，皆寄名世之文，得以表之地上，瘞之地下。已而校刻兩世奏牘遺文，建特祠，建家廟，又卜吉壤葬先父母庶母長兄等七喪，各求志銘，以垂後昆。凡爲祖宗安塋者，傾身竭力，期無遺憾。先妣周太恭人之喪，三年之內，一言及淚未嘗乾，麻衣未嘗去身，且爲寫經，以祈冥福。

長兄較余長五歲，友愛最篤。歿後念念不能忘，祭必流涕。雖未婚者，禮不置後，余謂禮以義起，乃爲文告廟，以三男撰繼長兄之後，使不絕蒸嘗。

吳江寡姑與崑山寡姊，皆貧老不能自給，爲築室迎致供養者數年，歿後棺斂，盡誠信之所及也。

凡宗族親黨之間，吉凶大禮，贈遺資助概從厚。歷年間所費不尠，此里人所知也。

四　余交游好尚之大略

余性伉直，少蘊蓄，戶外事概置之不問。然苟涉是非曲直，議論必正軌，無所偏枉。若意有不可，如含瓦石，必吐之始安。而事過輒忘，胸中無有宿物。有時賓從廣座中，見爽朗高亮者，輒握手共傾肺腑，其沈鷙陰柔者，則若將浼焉。里居少交游，日扃門靜處，凡狎邪遊冶絲竹飲博之友，足跡未嘗及門。惟於父執雲間陳眉公、練川婁子柔、唐叔達諸先生，終身執猶子禮，扱箕撰履，不敢少懈。如友朋中少共硯席之張休儒，憐其孤介處貧，葺屋與居，解衣推食，周給致力，歿後助其窀穸，恤其孤寡，久而愈篤。

此外，不問境內外，博贍多聞者，皆折節事之，叩擊請益。見有詩文可傳者，必手自抄錄。余雖亦時作小詩，而自慚下俚，未敢示人。余性又拙，象弈樗蒲諸戲，一無所知。幼時曾習括帖，因病廢學，仕官後又煩冗不暇學。及垂老歸田，閒居無事，始涉獵羣書，晚年病目，猶依檐映日，手不釋卷。然年老意荒，過目茫然，無一貯諸腹，殊以自媿。

繪畫一事，尤余所癖好。見有古人眞蹟，輒不惜重價購藏。時取宋元諸名家摹倣之，而暇日頗少，未能竭心精究，歲月磨人，遂終無成。猶憶董思翁每見余所作，必讚歎題識，謬辱「蒼秀高華奪幟古人」之稱。此固通家長者委曲獎成之盛意，而余實自問不堪也。

眞行書曾學褚河南，而稺弱全無腕力，結蚓塗鴉，尤所自怯，不敢漫對紙筆。八分稍得古人之法，榜書大數尺者，當余滿意時，頗見筆勢，爲一時推賞，然亦無佛處稱尊之類而已；我心終不以爲善。

至竺乾之學，夙所依歸，禪宗一門，亦有志趣。聞有自諸方之尊宿至吳者，必擔簦參訪。雖多承開示，而根鈍障深，未有纖悉省發，打哄一生，自甘淪落。

五　余始腴末瘁之大略

余承先世餘蔭，昧於治生，目不識秤。手不操算。惟於泉石之癖，病入膏肓，隨處隨住，必累石種樹，以寄情賞。壯歲氣豪心果，一往乘興，則不復顧其背後。東南兩園，疏築竝興，樂郊紅葯數畝之地，修堤廣坡標峯置嶺，鬱成名勝。然施與日繁，費用日廣，又加之以土木，漸至垂橐不支矣。日月遷流，人事差錯，既苦未了之婚嫁；又不耐無限之誅求。皮盡髓枯，徒存空質而已。余不得已，棄產償逋，南園典於僧尼，前後割裂，千樹梅花，四圍叢桂，悉摧爲薪。東園爲傖夫野人朝夕蹂踐，巖石傾倚，山徑齒缺，不復有舊觀。余以力不能兼顧，分之諸兒，使各自管領。而兒輩皆貧窶，不能整葺，日就荒頽。余不耐觸目傷心，終歲曳筇者，一再而止。

西郊北十餘里有沮洳之地頃餘，曲流清潭，渚蒲汀柳，頗饒瀟蕩之致。欲構屋其中，以爲息影送老之處。然塵累繭牽，仍不獲果。每度入城，則潛見俱非，幽懷莫遂，囊羞罍恥，兀兀窮愁。余慨然立志，居家持身，痛洗綺襦紈袴之習，欲自拔於流俗。奈何高門恆多責望，孤根易生悔尤，銷歲月於戰兢，盡資力於酬應。未能以一經舊業，踪美前人，又無一藝成名，擅長當世。今也唧山景迫，涸轍途窮。

顧余一生，未嘗得罪名教者，此自垂髫至弱冠，晨昏於祖父膝下之賜也。余親見祖父家庭燕問之狀，非擁爐剪燭，對論墳典，即辯證書法，抵掌古今，或蒿目慨時事而已。未嘗一言及於榮進浮華生產瑣屑也。視近時士大夫，終日孜孜汲汲，汨沒於名利之中者，品第何啻霄壤。余耳目濡染，心胸浸漑，亦應愧追時趨，知古人所處之樂。自此行一事發一言，亦恐隕越箕訓，貽羞於先世也。故終身以忠厚安宅，以介潔砥礪，謹懍退讓，常如不及，始得免浮薄齷齪之過。此何幸耶？然有苟活偸安靦然面目者，此區區婦孺之檢柙爾，亦何足道哉？

以上一篇祕不示人，惟寫一通，藏之家廟。使後世子孫，知我生平梗概。因推原先文肅先太史之庭訓，力追古道，景式前徽。庶幾舉策數馬，能彷佛萬石家風云爾。

先生爲人，長身偉軀，儀度蘊藉，所言每多謙抑之辭。此篇雖遺子孫一家訓，而仍以不忘前朝，不墜先緒爲念，意無隱避，語不誇張，面目躍如，眞情流露。惟聞京師甲申凶報，謂天崩地坼，五內摧裂，不思復生；南都陷落，亦僅謂陵谷遽爾變遷，尚忍言耶而止。於朝政得失，當路賢姦，感慨所在，不得而聞。

蓋當時文字之禁極嚴，遍地張羅，觸頭布網，雖中懷結轖，而無由吐之也。初，先生歸田後，有次均陶南村（宗羲）村居雜詠二十四首。南村者，元末滄桑之際，以高風峻節完其一生者也。先生借題南村，可謂宜矣。今錄數首：

無地堪投足。村居且退藏。破籬遮老屋。斷岸見浮航。杞菊秋容淡。蒹葭晚色蒼。濁醪聊自適。一枕黑甜鄉。

結廬潭水上。曲徑小橋平。飲啄聊隨分。桑麻足治生。有窗容寄傲。無物可當情。中夜驚心處。荒雞數報更。

鷗鵠羣可侶。麋鹿性難馴。老境笻爲伴。孤蹤硯結隣。人愁歌當哭。世亂貴能貧。隴畝偷殘息。羞稱是幸民。

徒倚殘陽下。翹思詠隰苓。黍離悲故國。風景泣新亭。戲効漁樵曲。閒披耒耜經。偷生稱隱逸。慚愧北山靈。

郊外孤烟遠。漁隈一棹通。鷗波秋漲闊。龍氣海天空。催雨雲苗黑。占晴霞脚紅。相從隣父飲。愁劇酒無功。

文肅公暮年得先生，鍾愛如掌中珠，見其髫時娛於繪事，即囑董思翁其昌作山水樹石，爲先生臨摹粉本。惲南田壽平嘗觀之，自記云：「體備衆家，洵服習珍本也。如輞川、洪谷、北苑、南宮、華原、營丘，其樹法石骨，皴擦鉤染，皆附一二語，提要鉤玄，固思翁隨意之筆墨，其率略簡放處，一種蒼秀逸宕之韻，有不可掩者。昔人最重粉本，豈無故乎？」先生幼而穎悟，加以思翁粉本，其多所啓發，不問可知矣。

先生之家，本富收藏。至先生，遇名蹟又不惜重金購之。如李營丘山陰泛雪圖，竟多至二千鎰。嘗其鑑別藏庋，若見一祕軸，輒閉閤沈思，終日無語，既而心有所賞解，則繞牀大叫，抵掌跳躍，如不自知其狂酣。嘗擇所藏古蹟中法備氣至者二十四幅，縮訂一巨册，納行笥中，出入必攜與俱，以時模楷。以先生天資又用意之深如此，造詣之速可想而得。董思翁稱先生「蒼秀高華，奪幟古人」者，決非通家長者奬成之盛意已也。

先生之畫，至晚年愈進，解衣盤礴，力追古人於筆墨畦町之外，能薈萃各家所長，陶冶毫端。尤私淑黃大痴公望嘗曰：「元季四大家皆宗董巨，穠纖澹遠，各極其致。子久尤神明變化，不拘拘於師法，每觀其布景用筆，渾厚之中，仍饒逋峭；蒼莽之中，轉見娟妍。纖細而氣益閎，塡塞而境愈廓。」蓋深入堂奧之言也。故王湘碧評先生畫云：「畫有董巨，如書有鍾王，舍此則外道也。惟元季大家，正脈相傳。近代自文沈兩家與思翁後，幾成廣陵散。獨大痴一脈，吾婁東王奉常深得三昧而已。意此外無其人。」惲南田亦云：「痴翁之畫，林壑位置，雲烟渲暈，皆可學而至。至其筆墨之外，別有一種荒率蒼莽之氣，非學而至者。故學痴翁，輒不能佳。臻斯境入三昧者，惟有婁東王奉常、虞山石谷子耳。」

先生又善書，已如自述中所云。眞行書自褚河南出，分隸師魏禪碑，參以夏承碑意，尤工八分，榜書稱近代逸品，名山巨刹，非先生筆不重也。董思翁亦以榜書有古今第一之名，而以八分推先生。嘗語陳眉公云：「斯君任有所作，吾輩當避三舍。」

先生之文，書牘及遺訓雜記外，多佚而不傳。詩有偶諧草、西廬詩草。今讀其詩，有少陵沈鬱，兼香山嚠喨，深情逸韻，更出入眉山劍南之間，質而有文，麗而有則。其西田感興三十首，茲錄其數首，以示一斑。

棲遲何必歎途窮，寂寞荒江作隱翁。篷底斜侵花外雨，笛聲遠度隴頭風。殘星已分經霜柳。陳迹都如踏雪鴻。靜愛小窗叢竹裏。夜深禪誦佛燈紅。

闢徑穿池半畝園。虛明軒戶接雲根。雨深苔色侵衣袵。風亞花枝壓酒樽。犢返新疇春草路。鴉翻古樹夕陽村。隱人生計粗云可。橘有千奴竹有孫。

吳塘北去隔塵囂。老我閒門鎖寂寥。地僻禽魚神自王。境幽鷄犬色常驕。猶歎樹小難遮屋。却喜船通不礙橋。安得南村素心侶。芋羹豆飯日相招。

繁華昨夢等閒過。憔悴於今隱薜蘿。老去歡情隨歲減。愁來白髮較前多。暮雲村杵催紅葉。夜雨寒蛩響綠莎。地僻喜無人跡到。蓽門衰柳掛漁蓑。

白袷烏巾道服涼。茶烟禪榻鬢絲颺。關情舊雨英游隔。回首前塵噩夢長。林壑猶能容釣弋。乾坤何用識滄桑。含愁默默支頤坐。匣劍依然夜吐芒。

鍾阜絪緼紫氣收。江天寥闊迥生愁。宮槐葉落迷芳苑。海嶠龍歸失故湫。哀角悲笳燕市雨。暮烟衰草石城秋。痴頑却笑歸村老。蝸舍溪邊祇自謀。

避地希蹤古逸民。荒村卜築幾經春。桃花流水引漁者。桂樹幽山招隱人。滿徑紅酣堪放屐。一泓綠淨可垂綸。息陰未敢稱嘉遯。聊爲黃虞作外臣。
六十頹齡住釣嵓。繞簷蒼翠鬱松杉。身同邱井悲空老。家似秋蓬苦載芟。緗帙遺書餘蠹蝕。紫囊傳笏但塵緘。惟藏宸翰茅茨裏。長有祥雲擁玉函。

先生性孝友，其一生行狀，既悉如自述：在官則飮冰執玉，凜凜自將；居家則飭內行，嚴家庭，善導鄉黨，奬掖英髦。前以一身繫一家之安危者三十年，後以一身繫鄉黨之安危者又四十年。鼎革之際，江南悉爲騷亂之區，尤以太倉距府治稍遠，不逞之徒，各處蜂起，乘釁刼掠，名門右族，皆震懼不知所爲。先生乃起而諭其徒，皆相顧曰：「長者之言，不可違也。」闔疆竟無事。以是鄉黨戴之如父母，稱西田先生而不名。歿後祀鄉賢祠，俎豆不絕。

當文肅公父子相繼歿，先生藐孤主家政時，高門事重，不墜先緒者，洵如千鈞一髮矣。幸父執陳眉公繼儒、婁子柔堅、唐叔達時升諸老，視先生如子侄，扶持奬勵，先生亦敬恭以事，每事請教，毋敢或違。其始拜恩授璽丞時，報旨於陳眉公，眉公大喜與之書，先述君恩浩蕩，亦是父祖地下之喜，且云：「風波之世，約束僮僕，早完國賦，以保家爲第一要務。聰明先之以孝，富貴濟之以寬，古人歷有明訓，此賢任之所長，何待囑乎？」教以居家處世之要，實簡而至。既而上京列朝班，告別婁唐二老，二老爲會程孟陽（嘉燧）等同人，各賦詩送之，尚有未盡其言者，更作文序之。唐叔達序中云：「昔壬辰之歲，文肅公被召還朝時，遜之尊人辰玉，尚未登第。文肅邀余爲讀書講道之友。時遜之方在襁褓，珠輝玉耀，神采不凡，余甚奇之。明年中外多事，國本未定，言議盈廷，公日在禁近，最受恩眷，而終歲不得一呈造膝之言，嘉謀至計，多鬱未伸。退朝後，咨嗟太息而已。遂引病歸里，未竟其功。漢黃瓊、一代良相也，而與五侯同朝，不能力加匡正，因稱疾退。後其孫黃琬、擧用正直，斥退貪汚，乃祖之志始行。」此視文肅以瓊而視先生以琬也。婁子柔云：「予始勸遜之勿爲經生之學，宜專力前史，今逮三年，遜之之識愈明而才愈裕，又將進之於道。夫道非他，卽史所載，有險有夷，有經有權，皆正而不詭，氣而不動，情而不牽，勢而不畏，無失其本心者是也。吾嘗怪唐李文業，其事業雖有光前人，掩時彥者，而卒以懷忮之私，釀朋黨之禍，旋至身竄國危。惜其有才如此，於道未聞。遜之儻不以余言爲迂乎？」此以文肅暗比李德裕，戒先生勿蹈覆轍也。諸老致意先生之厚有如此。然先生能立身顯名，長傳家風，不墜先緒者，亦宜矣。天啓七年丁卯初夏，先生年三十六，以差使歸居繡雪堂時，董思翁與陳眉公相攜來訪，話雨留宿，各賦詩言情。後九年思翁先歿，又一年，眉公亦逝，先生詩云：

滿徑綠陰靜，淸和景最佳。微風歸宿燕，細雨落輕花。老友不期至，淸言何以加。酒酣餘逸興，粉壁走龍蛇。

董思翁詩云：

風物淸和好，相將過竹林。驟寒知夜雨，繁響逗蛙吟。雜坐忘賓主，淸言見古今。呼僮頻剪燭，不覺已更深。

陳眉公詩云：

半載文園病，花前悵別深。何期今夕雨，重話十年心。池畔蛙聲亂，樓頭漏點沈。一尊更相勸，惜我鬢毛侵。

先生有子九人：王挺、王揆、王撰、王持、王抃、王扶、王攄、王掞、王抑。王揆字端士，王撰字異公，王攄字虹友，皆以詩列名婁東十才子。八男王掞字藻儒，號顓庵，官至文華殿大學士。而四王之一王麓臺原祁，則次男王端士子也。先生同胞不多，如自述所云：四歲失次兄，十七歲又失長兄，所餘僅崑山寡姊而已。姊卒，先生有詩哭之。序云：「余薄祜，雁行零落，惟吾姊之居止相隣，幸朝夕相見，婉娩相依，今復棄我而去，衰年殘息，顧影無儔，何耐摧割？因念吾姊自歸延陵，爲婦爲母，拮据萬狀，勤苦一生，實未得一伸愁眉。比頃纔見其三子成立，舊業不墜，不暇喜之而逝，悲哉！」鶺鴒原上，其言已哀，而詩更有惻惻動人者矣。詩云：

零落鴒原久失羣。相依惟姊又驚分。祇餘衰颯殘形在。獨倚枯雲泣暮雲。

閨門櫛束凜如霜。訓戒先嚴時世妝。窄袖浣衣身作範。至今猶著嫁時裳。

平生不踏大堤遊。柳色何曾望陌頭。歸向雲棲垂白首。去春纔一到杭州。

臧奚肅肅奉規型。調度安閒指臂靈。晝永簾深人語寂。靜看花片落空庭。

先生交遊，自陳確庵瑚、陸桴亭世儀、吳梅村、及文震孟、陳子龍、熊開元、錢謙益、金之俊、黃翼聖，乃至施閏章、張玉書、陸元輔、徐開任、沈荃、宋琬、計東、閔裘諸後輩，皆一代聞人。其往答書札，唱和詩篇，傳世者不尠。蓋先生愛才若渴，人之依先生者，又常滿門，仰其指授誘導。王石谷翬、吳漁山歷，其著者也。且石谷家素貧，自王廉州鑑挈之謁先生後，留先生家中，揄揚備至，石谷之名，遂聞天下。學者比之曹倦圃溍識拔朱竹垞彝尊李秋錦良年於童年，使成一代名人也。皆謂「使石谷不遇二王，使朱李不遭倦圃，安知不悒鬱風塵而空老乎？」是以先生易簀之日，海內惜之；近者叩門泣涕，遠者寄詩述哀。漁山輓詩八首中三首云：

婁水音傳信又疑。雨窗燈暗淚雙垂。呼兒早爲開行篋。檢得平生示我詩。

負笈悠悠歲月長。墨池影在綠微茫。憶初共擬痴黃筆。川色巒容細較量。

執紼沙溪水亂流。丹旐遙映樹重園。江南江北來相弔。愁絕人間齒德稀。

惲南田亦先生後輩也。然視王吳二人，情誼自異。蓋惲氏亦明代世家，神宗朝，其祖父與先生祖父，聲聞相通已久，至先生，又與南田神交者十餘年。先生欲一相見，屢遣使招之，而南田常外遊，多不在家。庚申夏，南田石谷相攜來見，始登堂，先生已臥床上，不能起。就榻前執南田手，大喜曰：「余前夜夢兩君過我！」遂瞑。南田哭以詩十八首，今揭其六。其一、二，指此事，第三，謂先生寄便面囑寫生，第四，謂欲贈詩先生至「天心若欲留遺老，不許塵揚碧海東」句，而先生即逝云：

帶水盈盈悵望情。披幃一見慰平生。依稀十載想思字。欲語含糊聽未明。

江上薰風五兩催。偏從到日臥庭隈。見時尙說前宵夢。客自琴川泛棹來。
續命難求藥一丸。絕絃空有廣陵散。婁東卽是西州路。畫扇眞同挂劍看。
典型南國表羣倫。綺季商巖與結隣。隻眼乾坤遺老盡。從今海內竟無人。
相韓世家舊青箱。牢落先朝老奉常。縱使雲霄參玉樹。白頭遺恨已滄桑。
江山非復舊時春。浩刼難留一外臣。若向人間論甲子。龍蛇年歲是庚申。

南田遺文中，有記秋山圖始末一篇，其事專屬先生，亦好古者一遺聞也。文云：

董文敏常稱生平所見黃一峯墨妙之在人間者，惟潤州張氏修羽所藏秋山圖爲第一。浮嵐夏山諸圖非其伍。以語婁東王奉常，且謂「君研精繪事，以痴老爲宗，必不可不一見秋山圖」。奉常乃向宗伯乞書介紹，載幣以行。不日抵潤州，先遺書幣，次至其家，則門內寂然，廈廣堂深，而鷄鶩糞草，不能容足，使人趦趄。已而重門啓鑰，僮僕拂塵，主人肅衣冠揖奉常，張樂設宴，成賓主之禮，乃出一峯秋山圖供奉常前。奉常披之，圖用青綠設色，叢林紅葉，翕赧如火，研硃點之。上作純乎翠黛之正峯，以房山點法積成，白雲籠其麓，雲以粉汁澹之，彩翠爛然。村墟籬落，與平沙叢雜相映帶，小橋橫於其間。邱壑靈奇，筆墨渾厚，賦色極鮮麗，而其神之蒼古，視奉常前所見諸名本皆在下風矣。奉常一展視間，駭心洞目，始知宗伯絕歎之非過也。

奉常既見此圖，神色無主，觀樂忘聲，當食無味。遂停舟一日，遣客說主人曰：「願以金相易，惟公所欲。」主人啞然而笑！且曰：「吾所愛，豈可讓人而耽耽如此，不得已，暫假之攜京師，歸時還之可也。」時奉常氣甚豪，以爲後日必得之，竟謝而去。

奉常既抵京師，未幾出使於南，歸途經京口，重過其家，閽人拒而不納。問主人，曰：「已他往。」因固請一觀前圖，三反而不聽。重門扃鑰，糞草積地如故也。奉常徘徊久之，始行。

奉常公畢後，晝夜不能忘此圖，乃詣董宗伯謀之。宗伯更謂：「張氏所藏，不獨秋山圖之美。如石田雨止夜宿及自壽圖，亦皆畫苑之奇觀，當再往見之。」復作書與奉常。奉常副以橐金，命使者剋期遣之，誡曰：「不得秋山圖，毋歸見我！」使者奉書往，爲款曲乞圖，而峻拒不就。強請之，乃曰：「雨止夜宿與自壽圖，不妨持去。」使者逡巡如歸報奉常，奉常知終不可致，長歎而已。

虞山王石谷，與奉常筆墨契厚，嘗與奉常論古今名迹。石谷常稱沙磧富春諸圖云云，奉常如不聞之。卻謂：「君知秋山圖乎？」因自述其圖，如鑑之取物，毛髮靡遺，宛然懸一圖目前也。時董宗伯棄世已久，潤州張氏已更三世，奉常亦閱滄桑者五十年，未知此圖之存世否也。惟與石谷相太息耳。

既而石谷將之維揚，奉常云：「能一訪秋山圖邪？」以手札屬石谷。石谷攜書往來吳閶之間。一日對客言之，客索其書，奇有奉常名，立袖書去。告貴戚王長安氏。王氏果欲得之，直命客渡江物色。於是張氏孫某以所藏鼎彝法書併一峯秋山圖攜謁王氏。王氏大悅，延置上座，出家姬合樂饗之，壽以千金，舉其所持來藏之，衆皆嘖嘖稱秋山妙蹟歸王氏所有矣。

王氏挾圖趨金閶，遣使請婁東二王來會。時石谷先二公至，詣貴戚，則禮未畢，貴戚大笑謂：「秋山圖已在橐中矣！」立呼侍史取圖觀之。石谷展未及半，貴戚與諸食客皆覘石谷辭色，心謂：「當狂叫驚絕也。」然觀竟，石谷惝怳不語，貴戚心動，指圖向石谷問：「有所疑邪？」石谷唯唯曰：「信神物也，何疑？」須臾，傳奉常來。奉常自舟中先呼石谷問：「王氏已得秋山圖乎?」石谷曰:「未也!」奉常曰:「贋乎?」曰:「然,是亦一峯也。昔者先生所說,歷歷不忘,今所睹則否?焉有所謂秋山,願先生毋遽言,恐王氏疑耳!」

奉常既見貴戚,披圖審視,辭色一如石谷。雖氣味索然,而強爲歎賞,貴戚見之益疑。有頃,王元照亦至,大呼秋山來!及披之,乃指其靈妙,縷縷不絕口,戲謂王氏曰:「非厚福不能得奇寶也。」於是王氏釋然安之。

嗟乎!奉常昔所觀者,夫豈夢耶!神物之變化耶?或被埋藏耶?或有龜玉之毀耶?其家無他本,人間無流傳,天下之事,轉錯而不可知。顧奉常囊捐千金而不得者,今貴戚一彈指取之,甚可怪耳!或一旦得之,復有淆訛舛誤,王氏諸人至今不悟,更可怪也。石谷爲予述此,且訂異日相訪秋山眞本,或有遇如蕭翼之之辯才者。南田壽平書於燈下,與王山人石谷發笑。

王圓照 鑑

明末淸初，於畫道開繼之功，足與王煙客時敏割半席者，即先生也。先生名鑑，字玄照，入淸避諱，改字元照，又曰圓照，號湘碧，江蘇太倉人。其先遠出晉代瑯琊王氏，至先生，歷代不絕聞人，祖父世貞，官至刑部尙書。先生崇禎六年癸酉舉於鄉，以蔭奉職部曹，後出知廣東廉州府，人因稱王廉州。在任二載，慨開採之事日盛，投書上司，決然拂袂去，時年四十。歸而築庵於祖父弇山園故址，王煙客來過，顏之曰染香，蓋取楞嚴經中語也。自後號染香庵主，又號弇山後人。閉關屏聲色，日坐蒲團，香爐茗椀，超然世外，與老僧無異。萬曆二十六年戊戌生，淸康熙十六年丁巳卒，時年八十。遺命以黃冠道衣爲殮，亦高節之士也。著有染香庵集。滄桑後，一遊燕京，弔列朝遺蹟而去。會同里吳梅村偉業在都下，以詩八首送之，毘陵董玉虬文驥亦有和章。梅村原唱二首云：

始與公子舊諸侯，丹荔江蕉嶺外遊。席帽京塵渾忘却，被人強喚作廉州。

朔風歸思滿蕭關，筆墨荒寒點染間。何似大痴三丈卷，萬松殘雪富春山。

玉虬詩云：

故國重來客薊門。宣和遺跡已無存。白頭只索丹青引。文采風流舊子孫。

祖父王尚書，字元美，號鳳洲，其弟太常寺少卿王世懋，字敬美，號麟洲，俱以詩名，又以書聞，世稱大美小美。又稱瑯琊鳳麟兄弟競藏書畫名蹟，金題玉躞，不減南面百城。先生自幼披對，早染指於六法，心眼自爾不凡。加以師友有董思翁、王煙客，思翁獎勵無不至，常語先生曰：「學畫者，惟多倣古人，心手相熟，便足名世。」煙客於先生雖叔父行，其齡僅長六歲，先生視之如兄弟，晨夕相與出名蹟講論，必神融心會，然後始舐筆和墨，務得古人之神而後已。以是二人之技竝進。煙客以精到黃子久博名，先生亦以深詣董巨兩家著稱，世遂目爲江左二王。圖繪寶鑑續纂於先生畫評之云：「圓照山水，運筆出鋒，用墨濃潤，樹木蔚鬱而不繁，邱壑深邃而不碎；氣韻得烘染之法，皴擦無自撰之筆。」茲舉當時諸大家題先生摹古數幀，藉窺先生畫品。

臨北苑瀟湘圖立軸

亂雲奔落日。遠樹入奇雲。短褐此中叟。新泉雨後山。半灘孤艇沒。雙徑斷橋分。扶杖柴門過。相逢盡識君。　戊子春日，題於梅村舊學庵，時雨窗竹屋，如在北苑圖中，衆峯俱濕。大雲道人吳偉業。

一望煙巒接遠沙。碧林深處幾人家。溪流常繞柴門外。蘆葉西風拂釣槎。西廬老人王時敏題。

煙樹蒼茫溼翠浮。荻花靈雨徧滄洲。墨池自有移山力。分得瀟湘一片秋。　觀王廉州大幀，深得北苑瀟湘圖意，水闊天空處，一派平沙，尤見筆力。南田惲壽平。

余見廉州先生畫不下數十幅，率多明媚秀潤，如此幅蒼茫渾厚，筆墨兼到者，殊不易覯。嘗讀少陵登岳陽樓詩，輒爲之心悸目眩，今觀此圖亦然。寒宵跋燭，坐臥其下，不禁神遊瀟湘煙水之間。　甲子嘉平朔，吳趨王武。

此幅爲廉州夫子所臨北苑瀟湘圖，筆墨蒼茫，氣韻沈古，所謂絢爛之極，乃造平淡，迥出天機，非學力可及也。元季諸大家，皆自董巨入手，獨吳仲圭能得其神。後百年而有石田翁，石田之後，則夫子一人而已。此幅尤爲生平絕作，視塗紅抹綠，刻畫求工者，奚啻逕庭？故喜而識之，并記其所由云。　乙未夏五月，虞山王翬拜書。

湘碧先生，幼喜繪事，時從董宗伯王奉常遊，得見宋元諸名公墨蹟，博採玄微，羅拾指下，故晚年畫道益進。此圖專摹董巨墨韻淋漓，筆勢蒼勁，眞得意之作也。當什襲珍之。　戊辰六月既望，八十三叟顧雲臣觀於天藻堂。

倣黃大痴筆意立軸

元四大家雖風格各殊，要其源流，皆出董巨。玄照郡伯，於董巨專精，所作往往亂眞。此圖復倣子久，用筆皴法，仍師北苑，有董巨功力，又有子久逸韻，瓶盤釵釧，鎔成一金，卽子久復生，神妙亦不過如此，眞古人絕藝也。余老鈍無成，雖亦時欲倣子久，粗率疥癩，相去愈遠。今見此傑作，珠玉在側，自愧形穢，遂欲焚棄筆硯，歎絕媿絕！　庚子仲冬王時敏題。

倣王叔明山水立幅

曩在都門，王廉州爲比部郎，余與孫伯觀中翰陸叔度明經王志石司農晨夕往還，共論琴畫。別來二十載，廉州掛冠歸婁東，余承乏吳郡。先是廉州遊濟上，歸時余將解組，會晤甚難。動則旬月，不復昔日過從無間，雖欲好友追攀，豈可得乎？廉州罷郡，在強仕之年，顧盼林泉，盡力畫苑，筆墨之妙，海內推為冠冕。吳中自沈文兩家後，斯道久委荒榛，得廉州而復震。予得觀其盛，大為吳門吐氣，樂而稱之。適有客持是幀索予題，予深服其畫品之高，并敘俯仰今昔之情如此。丙申中春，會稽張學曾。

倣倪高士漁莊秋色圖

董文敏論雲林畫云：「如天駿騰空，白雲出岫，無半點塵俗氣，」洵不誣也。此幅為吾師廉州公所臨，筆墨精妙，逸韻飛翔，不獨形似，又能神似，誠有出藍之美。當與倪高士眞本並傳千古。

海虞受業門人王翬敬題。

蓋上述、特其一例耳。先生濳心下筆臨摹前哲者，無不逼肖。若於窗明几淨，把展賞玩，宋元諸家，如在目前，誠絕代能手也。故四王於畫苑，雖有一家眷屬之觀，而乾隆時方蘭士薰大別之云：「國朝畫法，廉州石谷為一宗，煙客麓臺為一宗。廉州匠心渲染，格無不備，石谷實得衣鉢。煙客獨瓣香大痴，麓臺亦刻意追之。兩派設教，法嗣繁衍，至今不變宗風。」信至論也。煙客開山婁東，先生亦導師虞山。石谷雖有集大成之譽，然其源不得不歸之先生。故石谷每題先生畫，肅然起敬，以受業自處，不亦宜乎？

自來志乘之傳先生者，皆言其祖父王元美而止，未有記先生父者。按元美長子士騏，字冏伯，以萬曆十七年己丑進士，經禮部主事，至吏部員外郎。爲人倜儻軒豁，好結納海內賢士大夫，勇於趨義，而不避嫌怨。在禮部時，佐長官行建儲大典；在吏部時，推轂名賢之被廢棄者，殆無虛日。遂爲權要所嫉，坐所謂妖書之獄，削籍歸，骯髒以死。時論皆惜之。著有醉花庵詩選。朱竹垞彝尊評謂：「不拾過庭片語。」錢牧齋謙益亦謂：「論冏伯詩文者，多與弇州有異同，嘗語予曰：先人構弇山園，疊石架峯，以堆積爲工；吾作泌園也，土山竹石，與池水映帶，取其空曠自然。予笑曰：兄殆以園喻家學乎？冏伯笑而不答。」不知冏伯卽先生父否？蓋先生以元美家孫受官，冏伯，元美長子，長子之子，卽家孫也。姑著之以竢考。

吳漁山 歷

江蘇常熟，一曰延陵，又曰虞山，水有琴川，山有劍門，秀氣所鍾，崇禎五年壬申，同歲生道人，又生王石谷翬。道人名歷，字漁山，宣正間名御史吳文恪公訥字敏德七世孫也。世居桃溪，家有子游墨井，因自號墨井道人。一號桃溪居士。晚年投身西教，屢航海外游，不知所終。惟近時上海發見墓石，始知道人於康熙五十七年戊戌，病歿上海，年八十有七。著有墨井詩集及墨井畫跋。

道人少孤，其母守節撫育。及長，棄舉子業，好修詩古文辭經書。爲太倉陳確庵高足。確庵名瑚，字言夏，夙謝絕公車，與陸桴亭世儀、盛寒溪敬、江葯園士韶諸遺老講義理之學，著有聖學入門，其言切近事情，不襲尋常講學者窠臼，最以篤實稱。則道人學養亦可推矣。書專學蘇東坡，深得神髓。嘗遊吳門謁太守，未入門，信步至一僧舍，見有東坡眞蹟醉翁亭記，喜甚，卽就寮中索紙筆，布席展卷，臨摹達三四日。太守遍訪之不見，問逆旅主人，亦不知所往。詩學於錢牧齋謙益，牧齋評云：「漁山不獨善畫，其詩思淸格老，命筆造微。蓋亦以眞畫作之者，非塗朱抹粉欲與世爭姸者也。」題畫數首云：

墨汁澄滓。秋山界高。伊我知賞。斗酒爲勞。
肅肅疎疎。木落草枯。空山無人。夜吼於兔。
遠岫接烟雲。斜陽在釣船。衆漁歸已盡。獨自過橫塘。
春事已云暮。落花門外無。何爲井上樹。四月尙如枯。
東澗無聲暗自流。雲井宛轉到樓頭。道人滌硯消長晝。不畫湘簾畫渭秋。
不是看山定畫山。的應娛老不知還。商量水闊雲多處。隨意茆茨着兩間。

道人爲人簡遠不羣，修潔自好，不多與世接。雖時出遊吳門，至必宿興福寺精舍，與數代住持相親。市井羶葷之地，視之如浼。最喜彈琴，康熙十三年甲寅，其年僅四十二，乃作松壑鳴琴圖，題云：「琴聲憶學鳥聲圓，辛苦同學二十年，今日聽松與澗瀑，高山流水不須絃。」且附記云：「與天球學琴於山民陳先生，不覺二十年也。」可知弱冠卽習之。道人旣有高致，或爲厭世而歸依西教乎？

時明代遺臣，欲延國祚，不辭借兵國外，去日本者甚多。道人有憶陸子上游在日本云：「春已暮，子未歸，扶桑日出早，練水落花稀。人傳久在長祁島，海闊蒼茫鳥不飛。」陸子上游不詳，而練水乃嘉定別名。當時嘉定陸氏，有名坦字履長者，亦遺臣之一，上游或其家之人乎？按道人傳中，載母歿後，棄家依西教，謂時至嘉定。則上游當亦志節之士。長祁即日本長崎。道人似切待消息而賦此，不然其志亦與道人同，一航海而東，一航海而西，各有所謀也。世專崇道人畫，而不詳於此，惜哉！

道人畫與王石谷同師婁東王煙客（時敏）王玄照（鑑），進而深詣宋元，心思獨運，魄力雄偉，終獨樹一幟，不肯一筆寄人籬下。及晚年航海外遊，參酌西法，尤工青綠。初負笈婁東，請於煙客，縮寫其所藏名蹟，渲染皴擦，皆得神髓。煙客撫卷歎曰：「刻刺之神技，斲輪之妙手也。」道人深感其知遇。他年得煙客訃，輓之詩，其一云：「負笈悠悠歲月長，墨池影在綠微茫。憶初共擬痴黃筆，川色巒容細較量。」康熙五年丙午，道人年三十五，出遊苕霅，歸過吳門興福寺，留精舍者兩月，應主僧默容之請，晨夕弄筆，倣宋元古蹟，成十幀，題曰仿古山水册。時方邵村（亨咸）跋之云：

畫難言也。余從事於此者有年，今之能執鏊弧建壇坫者，余皆得事之，或未見其人，未有不見其所作者。大江南北，自太倉兩王先生外，漁山應屈首指。雖未得縱觀所作，即此一册，體備諸家，妙兼六法；胸開天地，氣蓋古今，眞傑作也。余二十年來從事者，轉覺空費氣力，不禁悄然！試問之兩王先生，當無以易吾言也。

此册傳至乾隆時，嘉定錢籜石(載)亦觀而題之云：

曩在都中與董文恪論諸家畫法。文恪首舉吳漁山，云：「漁山寓荒率於沈酣之中，斂神奇於細縝之表，故密而不滯，疎而不佻。南田之秀骨天成，西廬石谷之渾融高雅，漁山實兼而有之。」此册筆墨精妙，氣逸神腴，尤爲平生傑作。默公不知何人，見其能爲漁山契重，定非尋常緇流，當與此册並垂不朽。

評道人畫諸名家，如王麓臺(原祁)云：「漁山畫，古雅在石谷上。」畢竹痴(瀧)云：「石谷畫五十歲以前之二十年，臨摹宋元，超妙入神之作居多，而五十歲後之三十年，忙於應酬，有畫史習氣而無神韻。獨漁山晚年往來嶴門，歷盡奇絕之觀，筆底益蒼古荒率，能得古人神髓。」戴醇士(熙)云：「石谷得廉州之筆，漁山得廉州之墨；氣味沈厚者，漁山。漁山畫品在石谷之上。」要之，四王吳惲六家中，道人宜次煙客，與湘碧抗行，俯視石谷麓臺。獨與惲南田異曲同工，未易軒輊耳。

惟畫徵錄著者張瓜田(庚)，不知何意，故貶道人。其言云：『麓臺之論畫也，每右漁山而左石谷。嘗語弟子温儀曰：「爾時畫人，惟漁山耳！其餘鹿鹿不足數！」余見漁山筆墨，功力尚未抵石谷之半，司農有所軒輊，不免名士習氣，非衷論也。』於是畫識著者馮墨香嘲瓜田一詩云：「同時師友譽同歸，妙手冥心到者稀，獨有瓜田強解事，漫言功力半清暉！」瓜田爲之騰笑於世而瓜田尚傳一事云：「漁山與石谷初爲畫友，相契最深，而借石谷所撫黃子久陡壑密林圖不還，遂疏。」此說亦不知何所據也。

自瓜田一倡此說，迄清朝末葉，藝林頗多笑柄。遂如花結子，如枝生葉，變本加厲矣。以名賢如戴醇士，其臨子久富春山之一角，取法石谷者，自題云：

> 石谷墨井同師大痴，王麓臺祖墨井，張浦山祖石谷。愚論古人之畫，先觀其人品，石谷、篤實君子也，有篤行。墨井借石谷所藏大痴畫不還，遂與絕交，曰：「既有吾師，無友可也。」夫大痴爲人，嘗遊人園林，聞園林乃主人以陰謀獲之者，卽拂袂而去。其生平如此，豈容乾沒書畫之門人乎？吾師石谷。

此言甚峻勵。且醇士較瓜田尤苛。道人借而不還，乃石谷撫本，今直以爲大痴眞蹟。夫文人癖愛名蹟，不啻飢渴，數尺雲山，披歷眼前，食指自動。然不飲盜泉，亦士君子之常。況道人學養之深，行履之潔，生平斥羶葷，絕權豪，豈能假人物而不還乎？

然大痴所作富春山圖歟？抑其他畫本歟？今醇士臨富春一角，數言至此，似殆指富春一圖者。世傳大痴富春山圖，彌自矜貴，每攜行篋，經年始成。而此圖天下僅有一本，未聞石谷有所藏也。則以何而假之道人？因參照甌香館集跋語，稍語其詳。

明光祿寺卿陽羨吳問卿，家富收藏，有米海嶽雲山大幀，徽宗御題「天降時雨，山川出雲」八字，董玄宰其昌鑑定為眞蹟者也，為築樓貯之，曰雲起樓，名聞一世。此外問卿所愛玩，尚有二卷：一為智永千字文，一卽黃大痴富春山圖。問卿病篤，自作文祭之，欲殉其死。先一日，焚千字文，問卿親臨觀之。詰朝，更取富春山圖，祭以酒而付之火，及火熾，還入帳內。於是從子靜安，疾趨撥紅爐出之，惜哉已焚起首一段。他年惲南田就靜安觀此卷，且問所燒失者。謂卷首自城樓垣端，始以禿筆作平沙，約五尺餘，極蒼莽之致，而後乃起峯巒坡石。所焚者卽此，蓋自富春江口出錢塘之景也。時南田記所感云：「他日當與石谷渡錢塘，於富春江上嚴灘，一觀痴翁之活畫本，屬石谷補平沙一段，以傳墨苑勝事。」

南田又云：「子久浮嵐暖氣圖太繁，砂磧圖又太簡。脫繁簡之迹，出畦徑之外，盡神明之運，抉造化之祕；淋漓縹緲，而極不可知之勢者，其惟京口張氏秋山圖、陽羨吳光祿富春圖乎？富春圖、全宗董源，旁及房山襄陽，又學雲林、叔明、仲圭諸法。畫山數十峯，一峯有一狀，畫樹數百樹，一樹有一態；雄秀蒼茫，窮極變化，與今所傳疊石重臺枯槎叢雜，短皴橫點者，規模迥異。家香山翁有撫本，略得其意。鄒衣白有拓本，唐半園有油素本，俱不失邱壑位置，而姑射仙人之眞面目，凡塵相隔尚遠也。」南田可謂精於富春眞本者。然吳光祿外，未言其他，當知大痴富春眞蹟，唯此一本而已。

南田又記石谷臨大痴富春圖五卷：一卷爲唐半園禹昭，一卷爲笪江上重光，一卷爲王奉常時敏，一卷爲陽羨三梧閣潘氏，一卷自爲粉本。謂曰：「自此富春副本，凡有五卷，縱收藏家有與雲起樓主人同癖者，亦無刼火之憂。」又云：「陽羨周頴侯與吳冏卿昵好，曾齎千金玩具至雲起樓，借富春圖臨摹，未竟還之。火後復就吳氏借殘本臨摹，成而自詡云：「一峯富春眞跡，今已殘缺，獨予所摹爲全璧。」聞者亦以惟見周氏本可想望全圖之勝。石谷過毘陵，將爲笪江上摹之，欲就周氏觀起首一段，未果。後一載，適石谷攜就吳氏殘本所摹一卷，與予同遊陽羨，因得觀周氏摹本。其筆墨如小兒塗鴉，不禁爲發大笑。急取起首一段對觀，與殘本無異，而平沙五尺，不復可見。始知周氏妄誕，自欺欺人。」南田又可謂精於富春臨本者，然亦未言石谷藏有眞蹟，道人從何而假之乎？

至近時長洲王紫詮（韜）疑張瓜田畫徵錄所言，別爲說云：「近頃得觀徐文臺（渭仁）題楊西亭（晉）漁山小像，知漁山果入西教，石谷與之絕交，非無故也。像寫於康熙二十年辛酉，漁山尚未入西教之時。漁山一入西教後，石谷師弟，俱爲齒冷，西亭何得爲之寫像？甚矣人生晚節之難也。」徐文臺題漁山小像云：

余嘗於邑之大南門外，所謂天主墳中，見臥碑有「漁山」字者，因剔叢莽細視之，乃知爲道人埋骨處。命工扶植碑中間大字文曰：「天修學士漁山吳公之墓」。兩旁小字文曰：「公諱歷名，西滿，常熟縣人，康熙二十一年入耶穌教會，二十七年登鐸德，行教上海。疾卒聖瑪第亞瞻禮日，壽八十有七。康熙戊戌季夏同會修士孟由義立碑。」

紫詮猶信石谷與道人絕交，其因在道人之入西教。此說紫詮外，往往有言之者。想彼等皆以西教爲異端，爲外道，爲奉孔門之教者所不可近，宜先嫌忌之。而石谷則與彼等不同，神悟徹底，空空了了，無聖無凡，視之如一。且當滄桑之際，若一一問其人，則有逃於禪門者，有請術方士者，當無不同趨舍郎遽絕交之理。故此說亦不足信。道人入教後十四年，年六十四，康熙三十五年乙亥秋，石谷來訪道人，屬寫山水一卷。後乾隆時翁覃溪方綱於卷後題七古一篇，并論其畫，以道人爲趙秋谷執信，以石谷爲王漁洋士禎，謂如詩壇之王趙。立意措辭，雖不俱可觀，然結內云：「此卷正爲石谷作，海航初還禪窗凭」，足徵王吳兩家，百年深契，未嘗有渝。嗚呼！瓜田一語之妄，傷人誤世，亦久矣哉。

惲南田 壽平

惲南田初名格，字壽平，後以字行，改字正叔，號南田，別號白雲外史、雲溪外史、東園客、艸衣生、橫山樵者、巢楓客，江蘇武進人也。世居城東，築室曰甌香館，吟咏其中。崇禎六年癸酉生，清康熙二十九年庚午卒，年五十有八。著有甌香館集、甌香館帖及南田眞畫本。

惲氏，毘陵世家也。先生曾祖惲光世紹芳，以嘉靖丁未進士起家，官至參議，王弇州世貞、李于鱗攀龍諸公皆唱和之友。諸父惲香山、惲含萬，香山名本初，夙以學行高自位置，尤以畫著。先生嘗題之云：「松子藤花墜石欄，竹堂雲氣晝漫漫，不須坐看峨嵋雪，瀑布空山六月寒。」又附記云：「翁以文章詩酒，氣盛海內，時潑墨爲溪山雲烟樹石，墨華水暈，出宋入元。」蓋非一家私言也，世稱神品。含萬名于邁，似亦能畫，周櫟園讀畫錄卷尾雖止留姓氏，未詳性行閱歷；而考之先生詩集及其他贈答，則明季宦遊山右，喪亂後，逃難四方，潛與同志不絕消息。時廣平申鳧盟涵光寄含萬詩中，得左錄一首，可知其非尋常筆墨之人也。

秣陵積雪擁歸輪。生死論交十二春。醉記隱憂同涕淚。老逢喧樂總酸辛。天邊甲冑疑無路。海畔菰蘆合有人。聞道近騎緱嶺鶴。大河南望隔風塵。

父遜庵，名曰初，字仲升，少與錢吉士禧、楊機部廷麟諸公交，文章縱麗，於百氏無不窺，尤喜宋儒之書。及執贄劉念臺宗周，其學益進。念臺嘗以寃下獄，遜庵上書救之，義聲震一時。以崇禎六年鄉試副榜，久留京師十六年，應詔上備邊之策五道，不報，乃知時事不可爲，慷慨揮淚而去。攜書三千卷，往隱天台山中。嘗有燕京雜感之作，其一云：

桑乾河北倚高樓。金錯刀寒攬敝裘。秦塞凄涼聽觱篥。漢宮哀怨入箜篌。月明組甲三千里。風動琱弓十六州。莫是帝城文物在。師臣談笑待封侯。

居三年，兩京相繼而亡。唐王卽位福州，魯王於紹興監國。及清兵下浙江，遜庵乃出走福州。福州破，走廣州。廣州又破，遂祝髮，更名明曇，逃走建陽。時清軍已席捲浙、閩、粵三省，唐王被執死，魯王亦敗走海上，湖廣何騰蛟、江西楊廷麟皆殉難。而明遺臣尚擁殘旅立永明王於南荒，以奉正朔，會金壇王祈，遙奉永明王令，聚衆入建寧、建陽及屬縣，多唱義響應。於是遜庵往見王祈，獻策曰：「建寧爲全閩門戶，苟能守之，諸郡皆安。然不扼仙霞嶺之險，建寧不可守，欲扼仙霞，宜先取蒲城。」乃使長子楨隨副將謝南雲襲蒲城，一戰不利，全軍死之。楨亦歿。清將陳錦統重兵來攻建寧，王祈力戰而死，城遂陷。遜庵乃收集散卒走廣信，又逃入封禁山中。數月糧盡，遜庵喟然曰：「天下之事敗壞已數十年，不可復救。然見莊烈帝之殉社稷，薄海茹痛，小臣愚妄，欲延國命於一日之長。今事乃至此，徒害百姓，將有何益？」遂散其衆，獨歸常州。

遜庵自是鶉居蟬飲，繫命草間者二十餘年。屢至山陰祭其師劉念臺墓，爲撰念臺行狀，達十萬言。錫山高世泰高忠憲公攀龍從子也，重修東林書院，請遜庵講禮其中，學者多宗之。其說重知行並進，防檢精密，大旨不離愼獨。著有見則堂語錄、不遠堂詩文集。常州知府駱鍾泰屢請見遜庵，遜庵不納。鍾泰去官後，始許聞中庸要領，喜曰：「不圖今日得聽大儒緒論也！」遜庵亦旁及六法，喜以枯墨作山水，古簡有致。康熙十七年戊午卒，年七十八。有子三人：長曰楨，死蒲城之難。次曰桓。季即先生也。

先生年甫十三，亦隨父兄在建寧。迨陳錦陷城，與次兄桓徬徨亂軍中，逃至黃華山下，竟與桓相失。先生乃被捕至錦營，桓不知所終。時永明王永曆二年，卽清順治五年戊子之歲也。會陳錦無子，其妻愛先生眉目秀朗，性又聰慧，遂以爲養子。後陳錦夫婦挈先生出遊西湖靈隱，途中適與遜庵遇。遜庵因密與寺僧諦暉謀，俟錦妻入，紿之曰：「斯子有業因，宜出家，不然，必夭死！」錦妻平生深信佛法，歸依僧徒，乃留先生寺中，垂淚而去。於是先生始歸家。遜庵褫其韡帽胡服，以舊式寬袍大袖易之，日夕督課經傳不少貸。先生性至孝，先意順志奉教者，十年如一日，學以大成。時太倉王懌民，奇先生幼時遭逢，爲譜傳奇一篇，膾炙一世。先生寄石谷詩中，左錄一首，卽自此出。懌民名忭，王煙客（時敏）第五子也。詩云：

穹廬舊事恨飄零，地老天荒夢未醒。公子初翻新樂府，他時筵上斷腸聽。

先生成人後，世已變爲康熙元年，明祚雖云全盡，而遜庵之名，仍見重東南遺老間。四方聲聞，集於一身，戶外窺其動靜者，常不絕影。鄞縣張忠烈公（煌言）與鄭成功謀，來攻金陵不克，以身逃山中。訛傳謂：「張公弟鳳翼，惲日初門人也，必依日初匿。」縣吏將捕遜庵，遜庵自若曰：「吾當死也久矣！」未幾事解。二年春，叔含萬自山西覲金遜庵，以觴其壽，併致書先生，誡以言動筆札之當愼。時先生有曲巷偶見一章，可想淸廷注意先生父子之嚴也。詩云：

暗路出苔茵。　驚鴻忽近身。　脂香能醉客。　步怯欲依人。
燈轉斜窺鬢。　羅輕不動塵。　扶牆遮袖立。　飄渺洛川神。

先生夙以父兄之志爲志，誓不仕二姓，自號抱甕客，安命聽天。竈突無烟時，拾樹根燒之，衣衾寒冷時，烘手瓦爐而坐，不知戶外爲秦爲漢。迨養晦漸久，身邊尚有暗劍之來，無可奈何也。加之遜庵逐年傾頹，朝夕無甘旨之奉，於是賣畫養父，欲掩世人耳目。遂賦一詩云：「有誰放筆敢稱痴，繪苑滄桑某在斯，墨雨久令千載祕，青山還許少文知。」先生畫出自天性，山水花鳥無不自得。橐筆所至，人爭迎之，與虞山王石谷翬相知，亦在此時。今應一言者，世以先生與石谷相交甚厚，遂呼爲惲王，視先生亦尋常畫師。蓋先生之於畫，與古之英雄豪傑之韜晦於世或託身禪門或混跡屠沽相同，以所長易首陽之薇而已。其一生，實以明之遺臣而完節。承遜庵渾身之血，追忠肝義膽之後。遜庵有子，則必先生；先生有親，又必遜庵，何可與權門曳裾之畫師同語哉？惟世見先生所長，視爲畫師，故逐風舉帆，大聲應之曰：「繪苑滄桑某在斯！」自掩韜晦之跡耳。用心亦誠慘矣！同里楊宗發起文，亦與先生同調，讀其贈先生之乞食行，其意自明。詩云：

朔風翛翛山氣結。黃河冰交天雨雪。英雄失路歸田廬。咳唾蕭條甘乞食。朝行負薪夜飯牛。相逢斗酒心遲留。蒙頭覆面隨木偶。一醉半死橫千秋。君今懷才泣知己。我亦東西苦行李。執手大笑歌嗚嗚。去揖吳江浣紗女。

自後先生漸遊近郡，最愛西湖風景。每到杭州，必居東園高雲閣，或累月，或經年，乍去乍來，視東園如家庭，先生之號東園客，自此出也。有湖山眺望絕句數首，其一云：「春愁正滿落花天，不見王孫又幾年，添得湖山今日淚；玉簫吹斷鷓鴣天。」其唱和諸友，有毛稚黃先舒、王丹麓晫、諸虎男匡鼎、余不遠[illegible]復、陸叢思進、及卓靈上人、愚庵和尚等。一友忽乘槎遊海外，敍別同人云：「少時嘗感異夢，自海山[illegible]翁授求鳳之曲，被仙姬召與對弈。今日之遊，亦訪尋舊夢也。」同人皆賦詩觴之，先生亦贈詩云：

六博狂呼天上筵。玉簫吹散蜃樓烟。春秋百里遊秦日。陰火玄虛作賦年。瑤海塵生尋舊夢。石橋山斷拾遺鞭。醉吟鼇骨鮫妃舞。縹緲琴心繞鳳絃。

一年又在東園，值重陽節，不酌酒，不對菊，終日偃蹇窗下，握紫茱絳囊，讀卷中詩句。是日毛稚黃亦與先生同懷，吟嘯無友，獨立暮雲中，歎息秋色。先生聞之，乃賦一詩，和之如左。蓋稚黃之貧，亦不讓先生，嘗欲賣田刻所著書，意未決，問於諸虎男，虎男曰：「去產則免租役，刻書而售，則生贏利，是一舉兩得也。」於是稚黃著述始上梓云。

客館單衣冷劍囊，故園天畔路蒼茫。插茱不愛無家紫，把菊難逢載酒黃。五夜獨吟雙鬢雪，三秋同病六橋霜。知君縱有登臨興，未忍憑高弔鳳凰。

先生外遊多奉父以行，一年遊江淮間，道遠且憚父老，乃別父而去。遊屐所至，客夢易醒，邗上値除夜，作感懷詩數首。中云：「歷盡一行淚，春連半夜燈。」又云：「檢點萊衣在，偏違杖履歡。」皆懷親句也。此行費時年餘，歸途養病蕪城僧寮者數月。其間好與山林隱逸交，如程穆倩邃、孫無言默、查二瞻士標、王筠侶崇節、汪蛟門懋麟諸老，皆往來唱酬。其柴墟弔岳武穆戰蹟云：

金牌舊恨泣鮫綃，江岸荒祠尚寂寥。自昔河山征戰地，至今風雨鬼神朝。濤翻白馬東來急，天接黃龍北望遙。極目寒煙憑弔處，長虹中夜出雲霄。

禾黍金飇向古邱，孤臣戰迹至今留。荒碑尚記南朝恨，蔓草翻深異代愁。赤岸日高滄海色，碧天雲散大江流。千秋壯氣銷難盡。化作風濤遍十洲。

先生以康熙十五年丙辰秋還家，値亂離間，久絕音信之叔父含萬遠經七閩來歸，相見狂喜，滿堂如春，先生聞談近事，感歎不已，述之爲詩。其末章七八兩句，先生自註云「指戊子之際，與予同嬰建寧難之仲兄也。」詩云：

梨關兵合斷重圍。海角音書雁到稀。短夢易從殘夜醒。故園難自異鄉歸。七盤鳥道收高壘。百戰狼烟護衲衣。白髮相歡諸父在。家山重問舊青薇。

生還如在玉門來。客路傷心偏草萊。血雨重城鷄犬盡。黃埃千帳馬駝回。猶傳塡海留精衞。又見昆池走刼灰。從此雄關休設險。蠶叢終爲五丁開。

初疑百谷飲長鯨。俄頃桑田已變更。馬角未生期尚遠。鷄人無力夜難明。潛身木末看傳劍。變服蘆中急避兵。世事漫勞親故問。且將尊酒話平生。

庸蜀經營事已闌。占星空向斗牛看。躡珠肯入平原館。短髮徒衝壯士冠。曾見梨關三度馬。誰封函谷一泥丸。傷心國破爲俘日。賦就招魂淚未乾。

越二年，父遜庵病歿。先生時年四十六。自後隨遊大江南北，懷重遊於廣陵，尋舊盟於白下。返經虞山，逢王石谷聞煙客病久，因相攜至婁東，始與煙客相見。榻前握手，遂成永訣。時煙客子王顓庵（掞）太史歸養居喪，留先生客於家者三年。顓庵服闋後，與先生招同人於拙修堂，分韻賦詩。先生題所作云：「時移家歸里，將有遠遊，因留別婁東諸君子。」此時或先生已厭長客廡下，或顓庵欲勸之同赴京師，皆未可知也。先生詩云：

把酒芳筵話遠征。萍踪猶繫故人情。祇因半世從屠釣。安用諸侯識姓名。別路且攀吳苑柳。何心重聽薊門鶯。三年廡下棲遲客。一夜離愁白髮生。

花殘江館滯征纓。綠浦紅潮柳岸平。芳草有心抽夜雨。東風無力轉春晴。艱難抱子還鄉國。落拓浮家仗友生。只爲躊躇千里別。歸期臨又發重更。

先生歸家後一年，甲子秋，欲遊杭州，作詩簡石谷，附記云：「平生相見日稀，離索積歲，嘗相約同聚山中三日，今猶不能償其願，去日如此，來日亦險；河清可俟，人生幾何？雙鬢絲絲，能不慨歎？想子筆墨之契，在婁東、西廬先生、在毘陵、唐半園與吾耳。半園已死，西廬亦逝，觀子所作一水一石，忘言傾賞者，措我而誰耶？琴川一別，既經數年，音問久絕，惝怳覓內奉寄。」中二首云：「山水空留太古琴，人生能得幾知音？半園已去西廬杳，賸得南田是素心。」「收得江山在錦囊，峭帆乘月下滄浪，東還尚有蘭陵酒，絜被留君話草堂。」然先生此遊未果。

隔歲丙寅秋，先生往客宛陵。中秋無月，至九月十四夜，月色皎皎，千里無雲。先生獨在玉峯園池，倚樓望月。忽有剝啄之聲，出迎之則石谷也。先生大喜，相對吟賞，月下謂石谷曰：「今夜玉峯園池，全歸吾二人所有。昔支公買山而隱，毋寧多事？東坡謂江山風月，惟閒人主之，洵名言也。」乃酌酒賦詩，石谷盡歡而去。越三年己巳夏，先生復與石谷相期消暑此地，論筆墨者數十日，晝夜不倦，時醉舞酣歌，解衣盤礴，旁若無人。先生有詩云：「客館高吟處，寒蟲靜不聞，秋窗夜風雨，灑墨欲成雲。」山中三日同聚之約至是果之無復遺憾。而先生之死，則在翌年庚午，先石谷實二十有七年也。

先生交遊中，尚有許九日旭、王于一猷定、汪魏美渢、顧景范祖禹，均以遺老自居，義心苦調，能與先生合，互有贈答，亦皆如見肝膽。惟笪在辛重光、宋牧仲犖二人列之交遊，竊不能無所惑。二人固俱以臺閣冠冕，好交布衣，騷人墨客，皆爭趨之。先生亦非不與之親炙，而二人之視先生，則在有石谷而後有先生也。尤以笪在辛，動呼先生曰南田生。生之一字，無禮亦甚，不問學問，以年論，僅長先生十歲，此外可誇者，着於其身之衣冠而已。先生厭衣冠中人久矣，況其左衽？故石谷作水竹幽居圖贈在辛時，先生題云：「柴門臨澗板橋西，千尺琅玕翠欲迷，我自草堂無怨鶴，不須珠樹借鸞棲。」諷之如刺肺腑。

宋牧仲開府姑蘇，延先生於家，親賞其下筆設色之妙。他日語人曰：「惲南田之畫，余暗中摸索，猶能辨之。」又於與先生前後之汪鈍翁琬、王忘庵武諸子謝世時，牧仲竝哭之一詩，前聯云：「宋中耆舊傷心盡，吳下風流逝水多。」朱竹垞彝尊評此句云：「宋漫堂與正叔交最久，其亡後哭之以詩，所言吳下風流逝水多者，兼悼汪鈍翁王勤中也。平生之誼，安得謂盡？顧漫堂論畫絕句二十六首，不及正叔，而甚稱王翬，殊不知詩跋根據書史，石谷自非南田之敵。」牧仲果如在辛，亦不知先生者也。二人所知，先生筆墨耳，鬚眉面貌耳，何可數於先生知交之中？

夫人生誰不願得知己？然竟無之，亦無須多悲。否則世上泛泛行路之交，又何足貴？此子期一去，伯牙斷絃，不求知音之所以也。況先生生於亂離而與世背，守父兄之志，孤行煢步，不趨權貴，不辭窮苦，以天之與於我者爲命，與造化遊於鴻濛之外。以是發胸臆之祕，一一訴之吟嘯，鬼哭神泣；一一記之丹青，鳥歌花舞。擧天地萬有皆一大知己也。世之橫眼豎鼻之徒，知吾不知，於我何有？先生有歌云：

金烏廣寒宿。玉兔春咸池。烏有凍死骨。兔有渴死皮。龍伯長不可縮。僬僥短不可續。截蚿之足。益蛇之腹。野田淒雨蚿蛇哭。楚山不識晉。越山不識吳。機梭斷絕禾稼枯。愚公豈借留侯箸。漢陰寶其拙。公輸之巧非吾徒。於菟雖大勇。鹿子不願以爲父。鶻鵰雖至悍。鳩婦不願以爲夫。我飮非爾口。我行非爾蹄。爾不我借。我不爾呼。爾今非我將焉誣。騏驥白澤日走萬里。若以守戶。貽笑韓盧。吁嗟乎。

與先生之氣節文章相伴，先生之畫亦有所由來，不竢遠溯曾祖光世也。諸父香山含萬，父遜庵，俱善畫。先生承其先緒而集大成。文衡山（徵明）述古有：「看吳仲圭畫當於密處求疏，看倪雲林畫當於疏處求密」之語，香山最愛之，嘗示先生，謂「此古人眼光所以鑠破天下也。」先生乃反之曰：「須疏處用疏，密處用密，此所以參取倪吳神趣，合一玄微。」先生此言百尺竿頭更進一步矣。先生夙私淑元末王叔明（蒙）之爲人，其畫山水，亦以叔明所師法者爲師法，一邱一壑，居然叔明後身。旁參倪黃兩家，超逸絕塵，深得神髓。嘗把筆臨紙，無倣子久之意，而得子久之妙，先生不覺大呼，快哉！題之云：

古人有子久。今人無子久。子久不在茲。誰人知子久。此不作子久。而甚似子久。腕中信有鬼。眞宰不能守。寥寥千載下。鍾期竟何有。

世傳先生始與石谷交時，稱贊其山水云：「是道君之獨步，吾亦恥爲天下第二手！」遂舍山水專攻花卉。近代戴醇士熙乃解之云：「斯言也，如世之文人稍稱他人筆墨時，卽曰焚吾筆，碎吾硯，一常套語耳，非眞絕筆山水之意。後人不解，或有考南田畫至某年寫花卉，自某年後不寫山水者，殆近痴人說夢。」又云：「南田評黃鶴山樵謂：沈著之極，化爲縹緲，眞知言也。是以南田晚年草草之筆，神明愈益煥發，所謂有以沈著而化縹緲之妙。」可知先生不特未絕筆山水，且晚年愈極其神妙也。

戴醇士又以先生山水比之石谷云：「烏目山人之沈鬱頓挫，如杜少陵；白雲外史之天然而去雕飾，似李青蓮。各有千古，未易軒輊。」比之吳歷云：「墨井道人之筆力沈厚，在石谷之上，與南田異宗而同旨。」更比之煙客圓照麓臺三王云：「三王皆喜用渴筆，獨南田用濕毫，別開生面，空靈雋逸，有着紙欲飛之妙。」惟先生一時耽於寫生，遂遠山水，其題識中有云：

石谷不喜予寫生，嘗對孫承公云：「正叔研精花卉，日求其趣，於烟雲山水之機疎矣。」予初以爲不然，已而思寫生與山水，用筆蹊徑不同，久於花葉者，手腕必弱。一花一葉，豈能通千巖萬壑之趣？

先生之於寫生，出性之所好，又其所長。時承石田沈周、白陽陳淳之後，舉世滔滔，羣起效顰。先生獨脫時習，遠取北宋徐崇嗣沒骨法，去其鈎勒之迹，能斟酌古今，而極傳染之工。一花半萼，烘日挹露，隻羽片鱗，飛風潛水，皆神采奕奕，備極生動，風韻迥出塵表，洵如天仙化人，絕不帶人間烟火之氣。海內遂推爲寫生正派，學者皆宗之，實古今絕詣也。蓋當時多有以不似爲得妙諦者，先生力欲傳神於極似之中，語其甘苦云：「筆墨可知，天機不可知也；規矩可得，氣韻不可得也。以可知可得者，而求不可知不可得，豈易爲力乎？」而宗先生者，不悟此旨，或研弄脂粉，搴花採蕋，一變而爲綺麗之習。先生又慨然憂之，屢揮淡雅之筆，導之復還本色。謂：「墨花至石田六如，眞洗脫塵畦，覺造化在指腕之間，非世之塗紅抹綠者之所及也。」茲錄先生題寫生者數首，可知傳神之妙，應在似不似之外矣。

落花遊魚

尺波無處宿鴛鴦。搖蕩春風荇帶長。忽見輕鯈初出水。落花如雪過回塘。

荷花

碧玉秋成影漸疎。可憐紅艷冷相依。蒲塘莫遣西風入。留補騷人舊日衣。

山躑躅

雲壑宜人坐不還。微風入樹葉聲閒。擲書正有巖花落。故故留紅句讀間。

桃花

武陵谿畔舊春煙。帶露含風曉更妍。不信漁人偏得路。看花空憶避秦人。

芍藥

五銖衣薄不留塵。羅舞還驚窈窕身。肯與花王相近侍。笑他傾國是何人。

先生之書，專法褚河南遂良，兼學米襄陽芾，筆力秀挺勁逸。於是與其詩畫竝稱南田三絕。先生嘗云：「宋四家皆自魯公出，而米海嶽又兼河南北海，故丰采獨絕。」殆有夫子自道之感。然先生至此，不知幾經折肱之苦也。嘗臨褚河南隨淸娛誌銘，跋云：「褚河南書之流傳人間者，凡數十種，筆法各不相似。如聖教序二種，其法近古隸，與他書迥殊。又如哀册，如枯樹賦，皆稱褚書之最上者，聲名赫然，予亦酷愛之，然猶恐中令之書，當以此册爲第一。此册如右軍蘭亭序，他非不佳，皆不能與之敵。惜墨池研臼之功，已經十年，每摹倣之，以未得其用筆之意爲憾事耳。」

先生之詩，所謂毘陵六逸之冠。年甫八歲，咏蓮花成句而驚塾師。及長，遭國變亂離之間，侘傺無賴，發爲筆墨，其詩愈進。出入騷雅，上下三唐，其慷慨君國，俯仰身世者，如三閭憂憤，柴桑詠歎，杜陵愁嗟，玉谿哀怨，悲深痛切，節急調促，吟誦之間，使人感奮激越。蓋在當時四家錢謙益吳偉業王士禎朱彝尊之外，別開一種特殊詩境者也。顧亭林炎武評之云：「正叔之筆，如子山詞賦，江關蕭瑟，昔人所謂文字之外，別有一物主之者是也。」

先生又工題跋，如朱竹垞所言，其語皆根據書史，匪特王石谷非先生敵，當時之能及先生者，亦甚罕。石谷之畫，每得先生題跋，自運筆設色之源流，至構思匠心之玄微，闡發無遺，其畫爲放光彩。先生歿，石谷復無此人，滿幅雲烟，轉感寂寞矣。先生簡短題跋數則云：

奇松參天。滄洲在望。令人冷然神遠。

放于江湖。眇然忘機。噫嘻。此何世之民歟。
娛閒新趣。愛此秋華。坐想叢苦。以資吟嘯。
筍之干霄。梅之破凍。直塞兩間。孰能錮之。
牛嬭佛手皆柑也。而皆不以甘媚人。栗則宜乎嚴苦。而反作悅人風味。名不足據。如是如是。
核桃殼堅。不可率破。而多城府。司馬仲達之流歟。丹柿可欲。而外衞不堅。觸手糜爛。豈曹子丹之徒耶。得諫果而時置座。庶幾其免夫。
來禽枇杷。皆綴皮以自護。其甘惟楊家果則否。蓋所挾既勝。彌見本色。何煩包囊外護乎。
桃著緋而核內脫。菱著緋而角外銛。乃知中膠而好用其鋒者。大率皆綠衣黃綬之流。
菂窾實。藕窾虛。實者重襲固多。虛者絲累不少。要皆不失爲君子之徒。
葡萄酸中帶甘。榴子酸中帶酢。總不脫措大家風。然言乎流漿掩露。則河西之客差豪耳。
黃金其外。齏甕其中。甚哉橙氏之子之飾貌也。顏如渥丹。腹如飴甘。可與剖肝膈披情素。陸吉氏庶幾近之。然而芬烈不逮矣。

先生言貌恂恂，性不能飲。居家簡靜，或終日不發一語。出爲客，與衆處時，亦黎明卽起，煮水洗面，手弄丹鉛，展紙作畫。及衆集，則棄丹鉛，未竟者，藏之篋笥，至晚不下一筆。惟圍棋詠詩，或陪暢飲而已。生而疏於生計，手不知握算，有數畝薄田，任奴僕所管，所入至不能償逋賦。行李時，雖充潤筆而歸，然家人散漫，隨手取而揮之，一貧復如故，先生未嘗有戚容也。諸虎男云：「予訪正叔，登其堂，門庭闃寂，叢菊滿階，眞不媿名士風流。」姚綬仲云：『正叔詠梅有「可憐雪霰相催急，纔到春風已白頭！」之句，其憔悴枯槁，猶可想骨性之殊傲。正叔豈獨詩畫傳世已哉？其位置亦不在王冕沈周之下也。』